警視庁
ツイッター
災害対策課
防災ヒント110

日本経済新聞出版社［編］
警視庁［取材協力］

日本経済新聞出版社

はじめに

地震や豪雨、台風などによる災害は、いつも私たちのごく身近に存在しています。そんなときに役立つのが、プロフェッショナル直伝の日頃の備えと正しい知識です。災害対策のプロ中のプロ集団「警視庁警備部災害対策課」の人気ツイートを選りすぐり、１１０の項目にわかりやすく編んでまとめたのが本書です。ツイートはすべて、災害対策課の皆さんが実際に検証したものばかり。

なかでも本書に掲載したツイートは、「いいね」やリツイート数が上位の、人気も有用性もともに高いものばかりです。刊行にあたっては、災害対策課（災対）に取材協力いただき、「災対に聞いてみた！」として追記も掲載しています。

誰でも実践できる防災ヒント１１０――。その内容を自分でも事前に実践しておけば、いざというとき、大切な家族や近所の人たちへの手助けになるはずです。

日頃インターネットに接する機会のあまりない、ご高齢の方などにも本書を常備いただき、「自分で自分の身を守る」という危機意識育成につながることを願っています。

最後になりますが、本書の企画主旨に賛同くださり、多忙な業務の合間を縫って、ツイートの選定や取材、撮影など多方面でご協力いただきました警視庁警備部災害対策課の皆さまに心より御礼申し上げます。

２０１９年８月

日本経済新聞出版社

人気ツイート
第1位

「いいね＋
リツイート数」上位
のツイート

防災ヒント

001

10円玉で袋を簡単に開ける方法

気になる項目は
ツイッターも
チェック！

ツイート日：2017年10月25日

□（20　　年　月　日）　□（20　　年　月　日）　□（20　　年　月　日）

読んだ日、
実践した日を
書き込もう

出先でお菓子の袋などを開けるのに、素手ではなかなか開けられず困った経験はありませんか？　そんなときは10円硬貨２枚を使って簡単に開けることができます。写真のように硬貨で袋をはさみ込み、スライドさせると簡単に開けることができます。所等でハサミがないときなどは知っておくと便利です。

「もしも」にも
日常生活にも役立つ
ツイートを厳選！

2

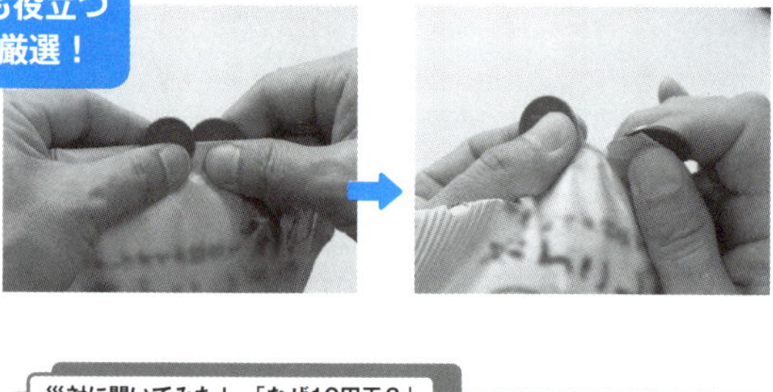

災対に聞いてみた！「なぜ10円玉？」

10円玉以外の硬貨でもできますが、しっかりとした角があり、手になじむ大きさの10円王がもっとも切りやすいでしょう。また、ほかの硬貨より財布の中に2枚入っていることも多いのではないでしょうか。コツは、2枚の硬貨をこすり合わせるようにしながらひねることです。

災害対策課に
追加取材。
より詳しい情報が！

防災ヒント

033

ペットボトルで洗濯物を乾きやすくする

ツイート日：2018年11月19日

□(20　年　月　日)　□(20　年　月　日)　□(20　年　月　日)

避難生活中の洗濯は、ひと苦労です。部屋は狭いし、洗濯物も乾きにくいし。少しでも早く乾いてほしいですよね。そんなときは針金ハンガーとペットボトルを使ってひと工夫。ハンガーの左右先端をつぶしてペットボトルを差し込むだけ。Tシャツ内に空間ができ、乾きやすくなります。参考にしてください。

ツイッター掲載の写真

1

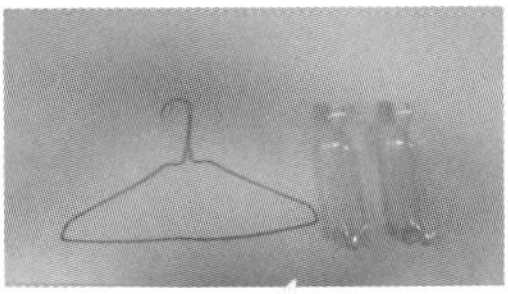

針金ハンガーとペットボトルを用意します。

2

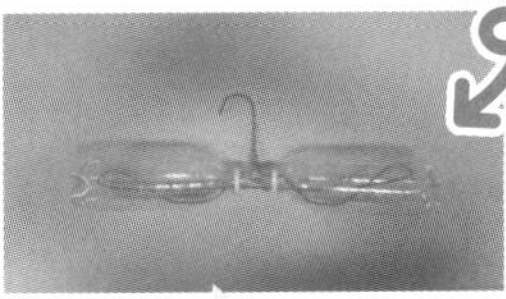

ハンガーの左右先端をつぶしてペットボトルに差し込みます。

3

洗濯物（ここではシャツ）のあいだにスペースができて、乾きやすくなります。

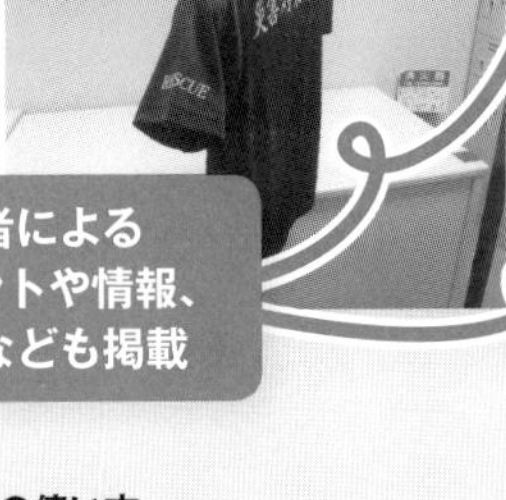

Photo：災害対策課 Twitter

災害時はもちろん部屋-しにも便利！

64

編者によるコメントや情報、図表なども掲載

以下の点にご留意いただき、突然の災害から身を守ることにツイートをお役立てください。

◎過去の経験則から「効果がある」といわれているもののほか、なかには十分な科学的検証が行われていないものも含まれており、それぞれのツイートの中から自分に合う効果があるものを選んで役立ててください。(例)防災ヒント００６「寒いときは手を振れば温かくなる」、０１５「重い荷物が軽くなる」、０１６「カイロは背中のツボに貼る」等

◎大規模な災害の発生など、緊急時にやむを得ずに行う応急的な内容のツイートも含まれています。またメーカーや作成者が想定していない内容のツイートも含まれており、健康を害さないよう注意が必要です。(例)防災ヒント０６１「水でもできるカップ麺」等

◎使用・実践にあたり、各種事故防止のため十分な注意が必要な内容のツイートもあります。(例)防災ヒント０４０「タオルを『抱っこひも』に」、火気・刃物類を使用するもの等

警視庁災害対策課ツイッター　防災ヒント110　目次

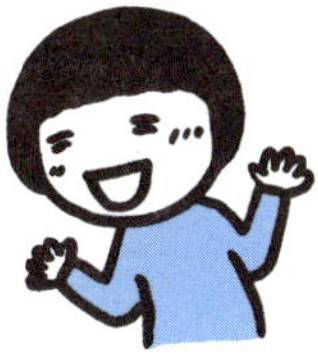

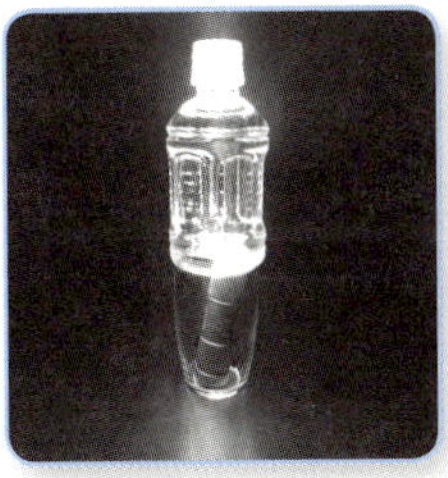

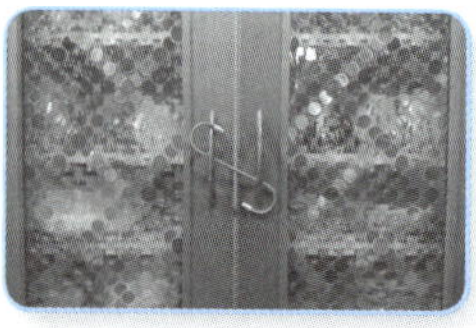

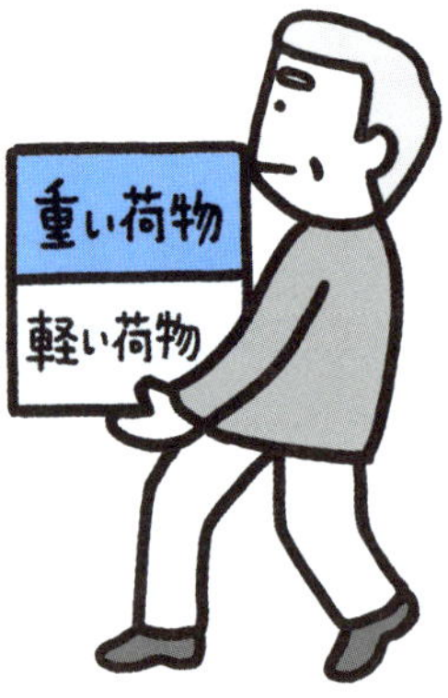
重い荷物
軽い荷物

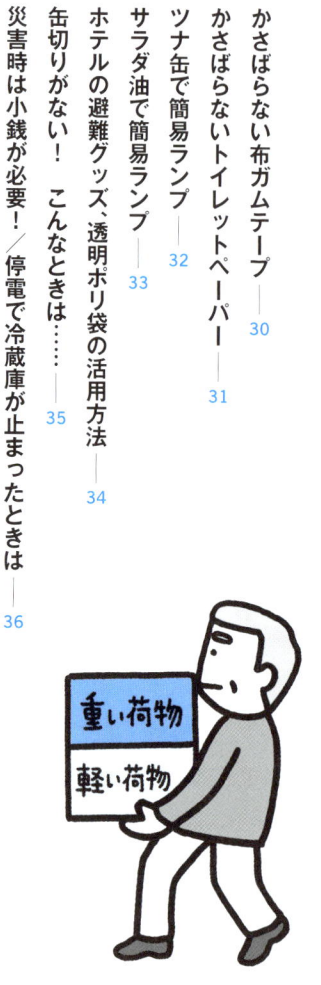

第2章 もしものときの便利技

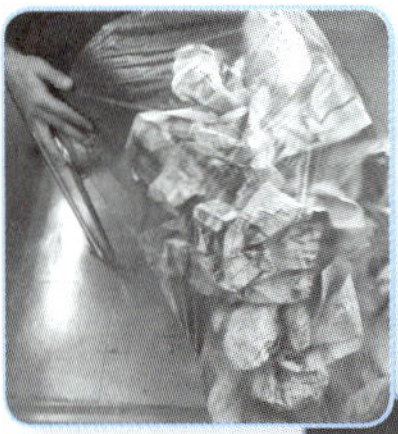

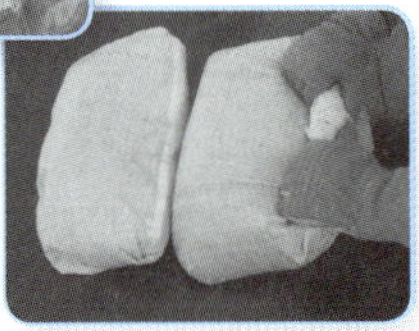

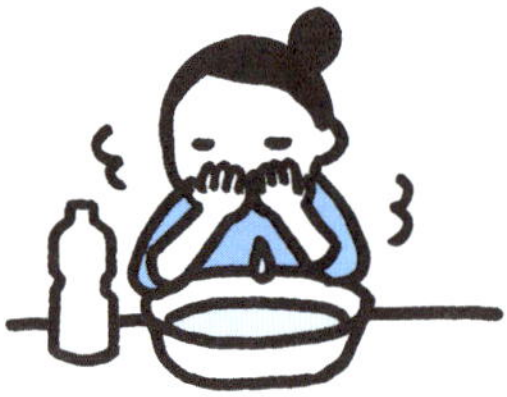

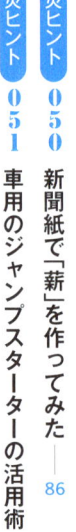

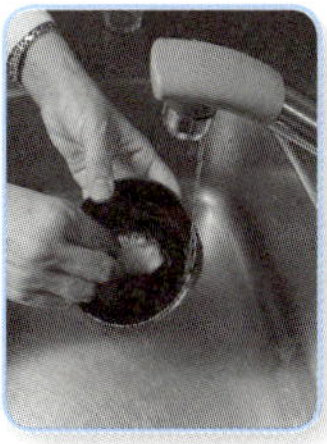

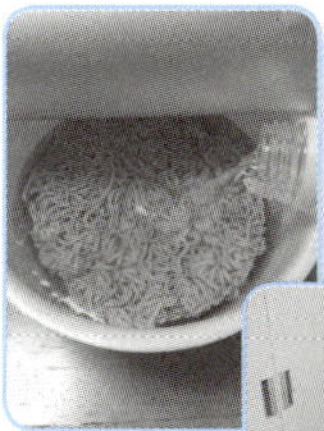

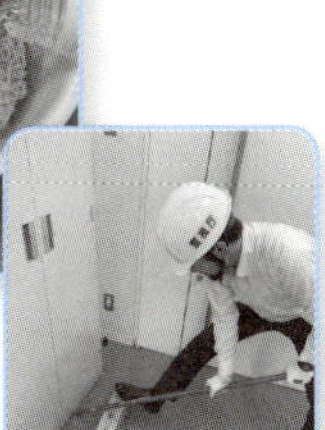

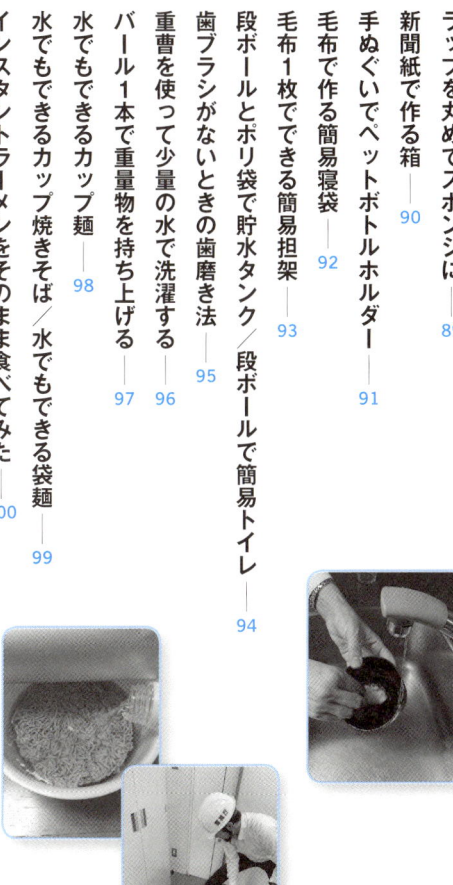

第3章

もしもに備えて今できること

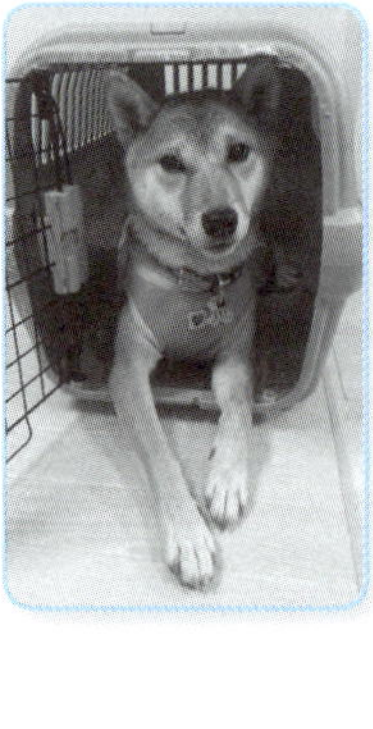

第4章 もしもに備えて練習しよう

第5章 「非常用持ち出し袋」にひと工夫 ～便利グッズと活用術

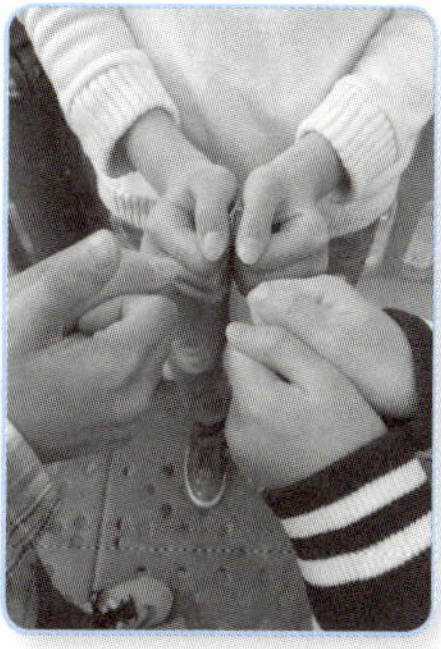

警視庁災害対策課インタビュー 前編

警視庁警備部災害対策課災害警備係 **村田尚徳《たかのり》警部**

災害対策のプロフェッショナル集団・警視庁警備部災害対策課。「災害対策課ツイッター」チームを代表して村田尚徳警部に災害対策課の業務内容やツイッターを始めたきっかけ、ツイートへの反響などをうかがいます。

——まず「警視庁警備部災害対策課」について教えてください。

村田警部　警視庁の警備部に所属する課のひとつで、地震や豪雨などにより災害が発生し

警視庁
フォロー中
警視庁警備部災害対策課
@MPD_bousai
警視庁警備部災害対策課の公式アカウントです。当アカウントでは通報及び相談等の受付は行っておりません。緊急時は１１０番を、それ以外の相談等は#９１１０をご利用ください。
東京都千代田区霞が関二丁目１番１号
keishicho.metro.tokyo.jp
2012年12月からTwitterを利用しています
16 フォロー中 810,576 フォロワー

警視庁警備部災害対策課
@MPD_bousai

た際に、警察として必要な対策を行う課です。

たとえば、防災や減災の観点から、災害が発生する前には、都民や国民の皆さんひとりひとりの防災力を高めるためのいろいろな活動（地域防災係）や警察官自身が災害の発生に備えた実戦的な訓練（災害警備訓練係）を推進しています。

災害が発生した際には、救出救助部隊（特殊救助隊）を被災地域に投入して迅速な救助活動にあたるほか、必要な情報収集や部隊支援活動を行う（災害警備係）部署です。

発信しているツイートから課の雰囲気がおわかりになるかもしれませんが、課長以下、課員一同、明るく元気よく、業務に取り組んでいます。

――日々の業務で大変なことや喜びはなんですか。

村田警部　災害はいつ、どの程度の規模で発生するのかわかりません。「たぶん大丈夫だろう」と考える人も多い中、地道に対策を考えていくこと、進めていくことは大変といえるかもしれません。

しかし、今後も大規模な災害が発生する可能性は高く、課員は全員「近い将来、必ず大きな災害が来る。その被害を少しでも減らしたい」という思いでモチベーションを高めています。
　喜びについては、多くの警察官がそうだと思いますが、やはり都民、国民の皆さんから感謝されるようなことがあったときだと思います。
　ツイッターであれば、「いいね」や「リツイート」を多くいただいたり、「教えてくれてありがとう！」「役に立った！」などのリプライ（返信）があると、みんな喜んでいます（笑）。

警視庁警備部災害対策課災害警備係
村田尚徳警部
「ツイートについたコメントにも可能な限り目を通しています」

――ツイートを始めたきっかけは？

村田警部　平成23年（２０１１年）３月11日に発生した「東日本大震災」です。
　当時、インターネット上に被災者の不安をあおるような、いわゆる「デマ情報」が発信されました。
　そうした「デマ」の打ち消しをは

じめ、皆さんが必要としている情報、正しい情報をタイムリーに発信していくにはどうすればいいのか。

そこで思いついたのが、災害発生時においても比較的通信が容易とされるＳＮＳ（＝ソーシャル・ネットワーキング・サービス。インターネットを使っての情報発信・拡散・交流）の中で、特に拡散力のあるツイッターを利用するということです。

大規模な災害が発生した際、「警視庁警備部災害対策課」のアカウントから「正しい情報」を発信し、フォロワーの方々の力によって拡散していく。このようなことを目的にツイートを開始しました。

――ツイートを始めたとき、警視庁内での反応はどうでしたか？

村田警部　２０１３年１月に災害対策課でツイッターを始めました。

開始当初の担当者の話では、お世辞にも警視庁内で広く認知されているということはなく、ときおり、知っている職員から「ツイート見たよ」などと声をかけられる程度だったようです。

反響の高かったツイート・ベスト10

2019年7月9日現在

	ツイートの内容	ツイート日	本書での項目
1	10円玉で袋を簡単に開ける方法	2017年10月25日	防災ヒント001
2	マスクをつけてもメガネが曇らない方法	2018年10月26日	防災ヒント028
3	水でカップ焼きそばを作ってみた	2018年6月28日	防災ヒント062
4	ペットボトルで簡単ランタン	2017年3月1日	防災ヒント003
5	水でカップ麺を作ってみた	2017年8月22日	防災ヒント061
6	新聞紙で「薪」を作ってみた	2018年4月5日	防災ヒント050
7	トゲが刺さったときには5円玉が便利です	2019年2月26日	防災ヒント002
8	缶切りがない！　こんなときは……	2018年10月17日	防災ヒント012
9	指に絆創膏を貼るときには……	2018年9月4日	防災ヒント027
10	かさばらないガムテープ	2017年7月18日	防災ヒント007

――リツイートがとても多かった、最初のツイートは？

村田警部　２０１３年11月の「ツナ缶で簡易ランプ」（本書「防災ヒント００９」）です。「いいね」と「リツイート」の合計が初めて1万件を超え、当時、メディアなどでも紹介されたそうです（反響の高かったツイート・ベスト10は表参照）。

――ツイートへの反響で、強く印象に残っているものは？

村田警部　東京都以外の地域で大規模な災害が発生し、被災地に警視庁の救出救助部隊が派遣された際には、現地での活動写真をつけてツイートすることがあり

災害対策課の皆さん

警視庁本部庁舎（東京都千代田区霞が関）

ます。

これらのツイートに対しては、感謝やねぎらいの言葉をいただくことが多く、現地でそれらのメッセージを見る部隊員の励みになっています。

なかでも２０１８年の豪雨被害の際、被災地出身の方からの「自分は行くことができないけれど、どうか故郷をよろしくお願いします」などのメッセージをいただいたことは強く印象に残っています。

（後編に続く）

第 1 章

もしものときの豆知識

もしものときに、ちょっとしたことを
知っているかいないかが、
自分や家族の身を守る分かれ目になるかもしれません。
ふだん何気なく見ている非常口のマークにも種類があり、
その違いにはちゃんと意味があります。
避難所などに避難する前に、
自宅のブレーカーを落とすことで
その後の火災を防ぐことができます。
また、アナログ時計でも方角を知ることができるのです。
こうした、もしものときに役立つ豆知識を紹介します。

人気ツイート第1位

防災ヒント

001

10円玉で袋を簡単に開ける方法

ツイート日:2017年10月25日

□(20　年　月　日)　□(20　年　月　日)　□(20　年　月　日)

出先でお菓子の袋などを開けるのに、素手ではなかなか開けられず困った経験はありませんか？　そんなときは10円硬貨２枚を使って簡単に開けることができます。写真のように硬貨で袋をはさみ込み、スライドさせると簡単に開けることができます。避難所等でハサミがないときなどは知っておくと便利です。

1

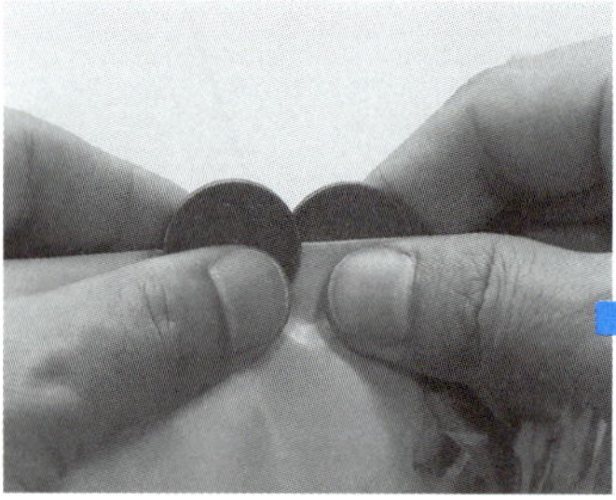

2

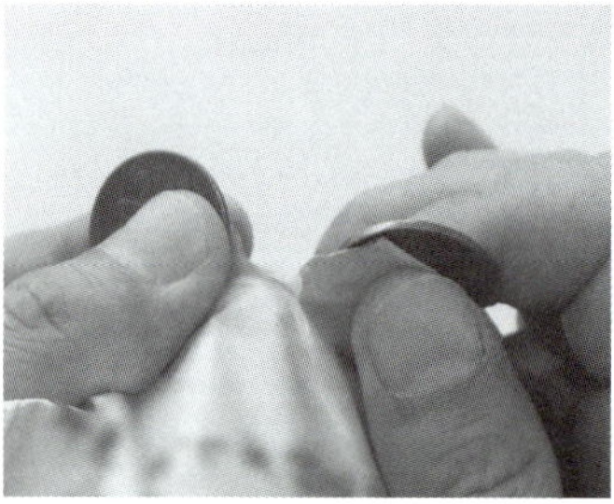

災対に聞いてみた！　「なぜ10円玉？」

10円玉以外の硬貨でもできますが、しっかりとした角があり、手になじむ大きさの10円王がもっとも切りやすいでしょう。また、ほかの硬貨より財布の中に2枚入っていることも多いのではないでしょうか。コツは、2枚の硬貨をこすり合わせるようにしながらひねることです。

人気ツイート
第7位

防災ヒント

\ 002 /

5円玉でトゲを抜く方法

ツイート日:2019年2月26日

□(20　年　月　日)　□(20　年　月　日)　□(20　年　月　日)

東日本大震災などの災害現場で木材等の撤去作業時にトゲが刺さったことがあります。そんなときに、トゲを抜く方法として5円玉などを利用しました。5円玉の穴を患部に強く押し当て、トゲが浮き出たところをトゲ抜きで抜くだけです。指先のような柔らかい部分には有効です。ぜひ試してみてください。

1

指先などにトゲが刺さった場合。

2

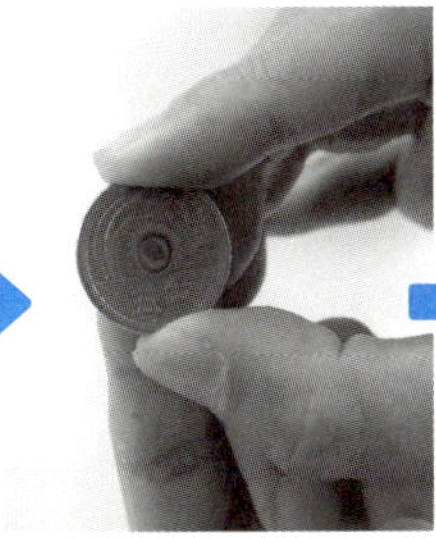

5円玉の穴をトゲの刺さった患部を中心に強めに押し当て、トゲを浮き出させます。

3

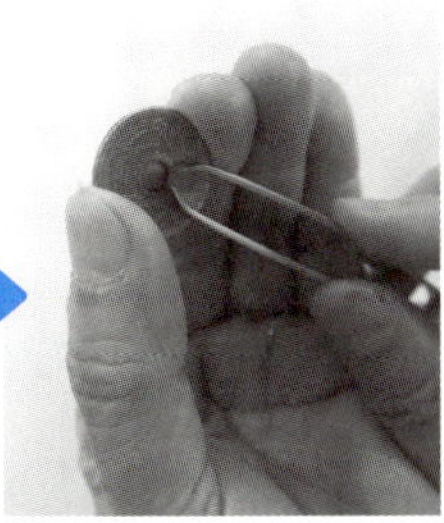

トゲが浮き出てきたら、トゲ抜きで引き抜きます。自分でやるより誰かにやってもらうと、やりやすいです。

POINT

穴が開いている硬貨（5円玉以外なら50円玉など）を利用してください。

人気ツイート
第4位

防災ヒント

003

ペットボトルでカンタン室内灯

ツイート日：2017年3月1日

□(20　　年　月　日)　□(20　　年　月　日)　□(20　　年　月　日)

皆さん、お持ちの非常用持ち出し袋に懐中電灯は入っていますよね？　ひと工夫してランタンに変える活用術。懐中電灯の上に水を入れたペットボトルを乗せるだけで、光が乱反射してまわりを照らすことができますよ。懐中電灯が小さい場合はコップに入れてやってみてください。火を使わないので安全です。

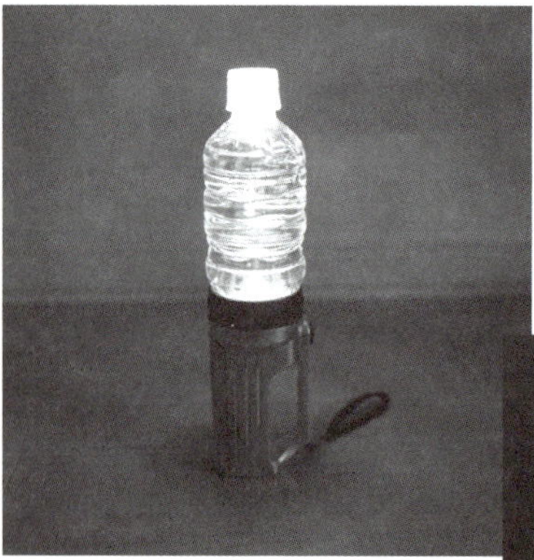

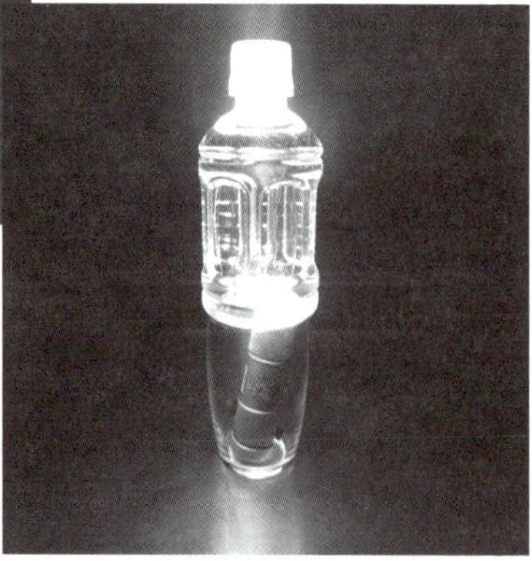

POINT

500ml 以外に280ml などのペットボトルも利用できます。透明でクリアな（色のついていない）ものを使用してください。

Photo：災害対策課 Twitter

防災ヒント

004

ボタンが取れて困ったときは……

ツイート日:2018年12月20日

□(20　年　月　日)　□(20　年　月　日)　□(20　年　月　日)

急にボタンが取れて困った経験はありませんか？　そんなとき、生地の裏側にボタンをあててボタン穴に生地ごと通すと、一時的に留めることができます。生地の厚さや固さによっては難しいかもしれませんが、穴の大きいものだと簡単にできます。避難所や外出先など急な場面で知っておくといいかもしれません。

1

外れたボタンを、ボタンがついていた場所の生地の裏側にあてます。

2

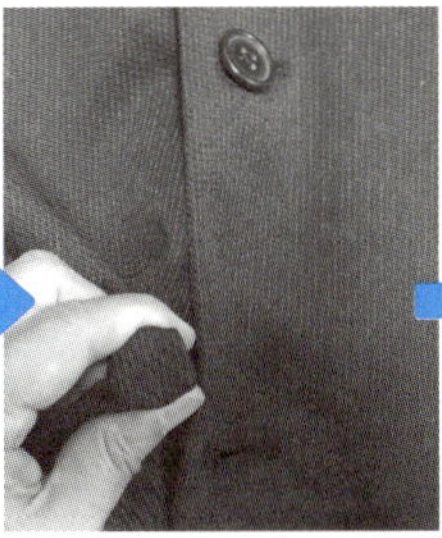

ボタンがずれないように、表側からボタンと生地を指ではさんで、しっかり押さえます。

3

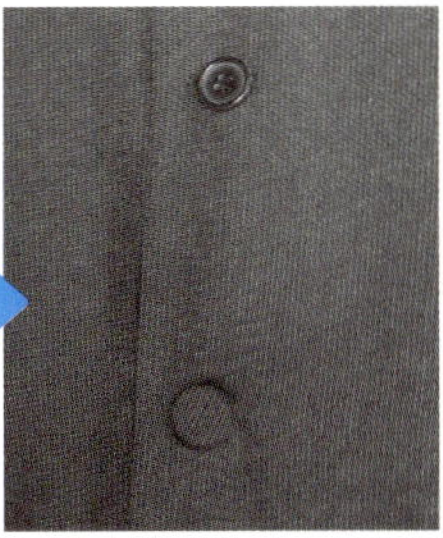

生地ごと穴に通せば、留めることができます。

※生地が伸びたり、傷む可能性があります。あくまで応急処置ですので、早めに外すようにしてください。

防災ヒント

005

固くなったビンのふたは、こうやって開ける

ツイート日:2018年5月31日

□(20　年　月　日)　□(20　年　月　日)　□(20　年　月　日)

ビンのふたが開かなくて困ったとき、ビンを逆さまにして手のひらで叩くという方法があります。ビンの底を叩くと振動が与えられ、それによってビンとふたの間に空気が入り、開けやすくなるためです。原始的な方法ですが、災害時で手元に道具がないときには有効だと思いますので、一度試してはいかがでしょうか。

1

ふたが開かないビン。

2

このようにビンを逆さまにします。

3

手のひらで数回叩きます。

※あまり強く叩くと、ビンが割れたり、手を痛めたりする可能性があるので十分に注意してやってみてください。

防災ヒント

\ 006 /

寒いときは手を振れば温かくなる

ツイート日：2019年1月29日

□(20　年　月　日)　□(20　年　月　日)　□(20　年　月　日)

寒さ厳しい季節には手袋をしていても手がかじかんで動かなくなることがあります。このようなとき、手を上下に、大きく素早く数回振ることで、遠心力により体幹の温かい血液を指先に送ることができ、指先のかじかみは改善されるようです。災害時に寒い中で細かい作業をしたり携帯電話を操作する際に役立ちます。

POINT

大きく素早く振るのがコツ！

災害対策課への取材をもとにイラスト化

人気ツイート
第10位

防災ヒント

007

かさばらない布ガムテープ

ツイート日:2017年7月18日

□(20　年　月　日)　□(20　年　月　日)　□(20　年　月　日)

災害時に工夫次第で役立つ布ガムテープ。添え木を患部に固定したり、連絡メモとして壁に貼ったり重宝しますが、かさばることが難点。そこで、芯の部分を柔らかくなるまで押しつぶして取り除き、平らにして輪ゴムで束ねると、非常用持ち出し袋の隙間でも入れることができます。追加をお勧めします。

1

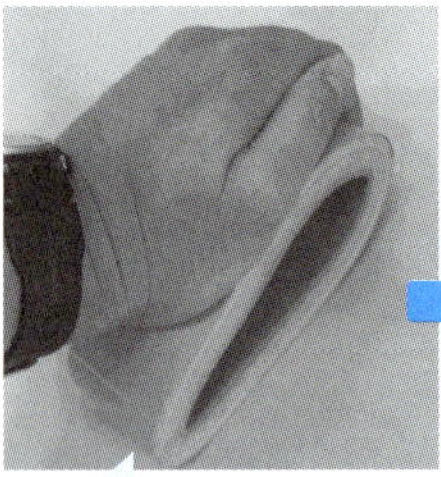

芯の部分を押しつぶします。

2

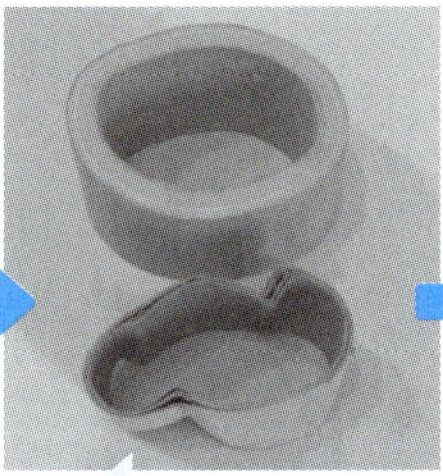

芯を取り除きます。

3

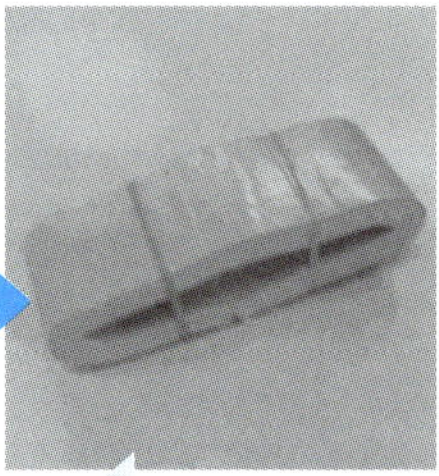

平らにして輪ゴムで束ねて完成。

災対に聞いてみた！「なぜ布テープ？」

一般に、紙のガムテープよりも布のガムテープのほうが粘着力が強く丈夫なので、災害時はなにかと便利です（その分、布ガムテープのほうが価格は高くなるようです）。また、文字が書きやすい、手でまっすぐ切れることなども特長です。

Photo：災害対策課 Twitter

防災ヒント

\ 008 /

かさばらない トイレットペーパー

ツイート日：2017年9月27日

□(20　年　月　日)　□(20　年　月　日)　□(20　年　月　日)

前項で布ガムテープの芯を抜く収納術を紹介しましたが、その続編です。さまざまな用途で使用できるトイレットペーパーで試してみました。布ガムテープより楽に芯を抜くことができ、さらにつぶすと3分の1くらいになりました。あとはジッパー式のポリ袋に入れて非常用持ち出し袋に入れるだけ。非常時の携帯ティッシュの代わりです。

Photo：災害対策課 Twitter

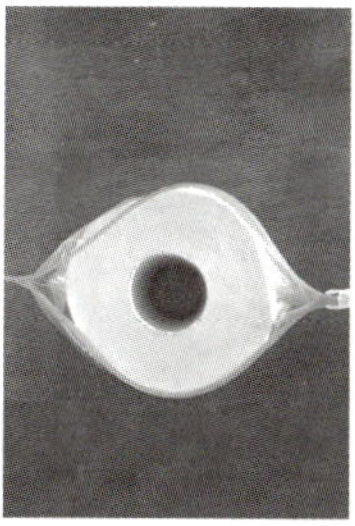

1

そのまま入れると、ジッパーが閉まりません。

トイレットペーパー直径約12センチ

2

指でも簡単に芯を抜くことができました。

3

こんなにスマートになりました。

直径約4センチ

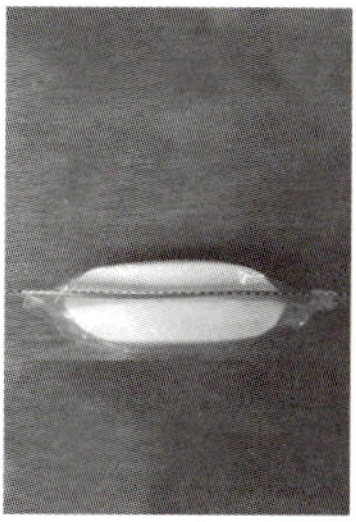

4

ジッパー式のポリ袋に入れれば、濡れても安心！！非常用持ち出し袋に入れておきましょう。

防災ヒント

009

ツナ缶で簡易ランプ

ツイート日：2013年11月28日

□(20　年　月　日)　□(20　年　月　日)　□(20　年　月　日)

ツナ缶の油を利用したランプです。缶に穴を開け、芯を差し込みます。芯には綿のひも等がいいそうですが、コーヒー用のペーパーフィルターをこよりにして作ってみました。2時間くらいもちます。もちろん中身も食べました（油が減ってヘルシーかも）。

1

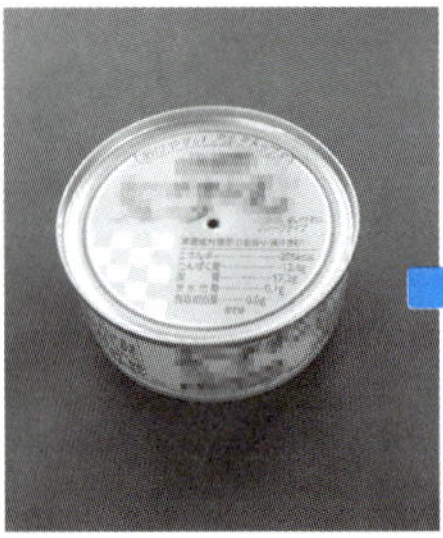

2

3

POINT

穴を開けるのには錐《きり》や千枚通し、アイスピックなどをきれいに拭いて使用してください。あとで中身を食べるためです。また、芯は厚めの紙（たとえばキッチンペーパー）を丸めて使うこともできます。

防災ヒント

010

サラダ油で簡易ランプ

ツイート日：2017年8月30日

□（20　年　月　日）　□（20　年　月　日）　□（20　年　月　日）

停電時に活用できる簡易ランプを作成しました。耐熱ガラスのコップにサラダ油を入れ、キッチンペーパーで着火するひもを作り、アルミホイルで固定します。1時間使用しても油の量はほとんど減らず、火の勢いも衰えませんでした。火は何度でもつけられます。火から離れる際は必ず・絶対消してください。

1

耐熱ガラスのコップ、サラダ油、キッチンペーパー、アルミホイルを用意します。

2

キッチンペーパーで作ったひもをアルミホイルで固定。

3

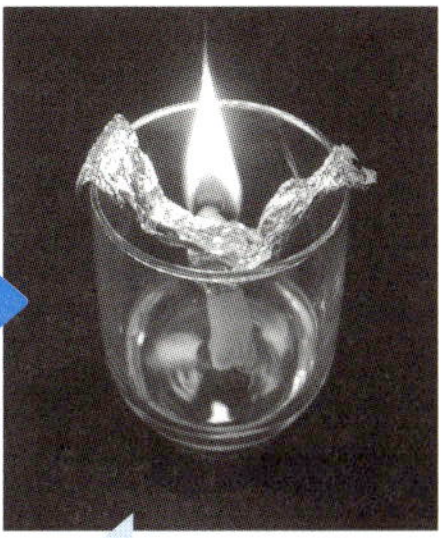

きれいに火がつきました。

防災ヒント

\ 011 /

ホテルの避難グッズ、透明ポリ袋の活用方法

ツイート日:2017年11月24日

□(20　年　月　日)　□(20　年　月　日)　□(20　年　月　日)

あるホテルに、避難グッズとして透明ポリ袋が置かれているのを見つけました。火災発生時、頭からかぶることで有毒な煙を吸わず、目を開けたまま避難できるものです。窒息の危険性があるので使用方法に注意が必要ですが、緊急時における身近な物の活用術として覚えておきたい技だと思います。

1

袋のサイズは、
縦：約80センチ
横：約65センチ

2

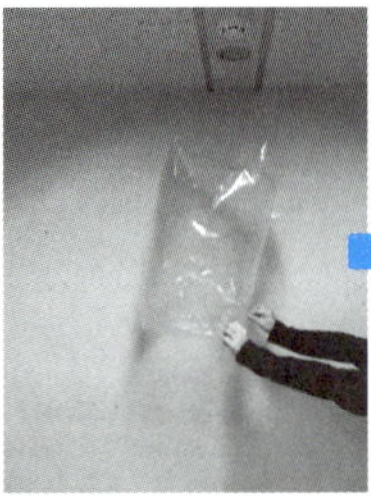

袋を両手で持ち、上下に振って中にたくさん空気を入れます。

3

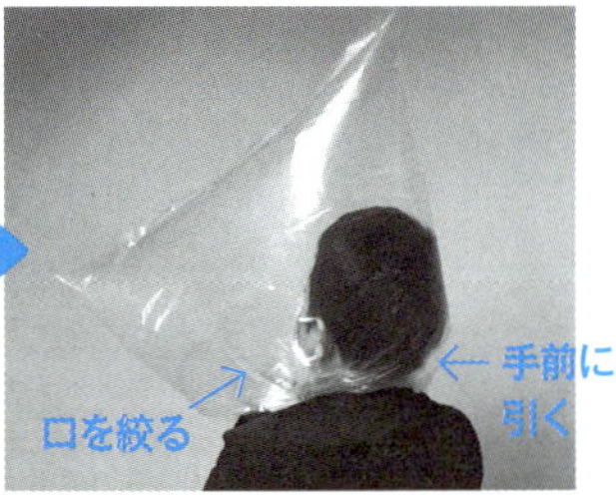

①袋を頭からかぶり、手前に引いて、口を絞って片手で持ちます。

②持った手を胸につけて、空気を漏らさないようにします。

POINT

窒息や熱にはくれぐれも注意してください。

Photo：災害対策課 Twitter

人気ツイート
第8位

防災ヒント

012

缶切りがない！こんなときは……

ツイート日：2018年10月17日

□(20　年　月　日)　□(20　年　月　日)　□(20　年　月　日)

災害時、プルトップ型ではない缶詰を道具が何もない状態で開けるには、どうすればいいでしょうか。それには缶詰のふたのフチを、コンクリートやアスファルトにこすりつけてください。缶詰のふたは構造上フチの接合部分が削れると取れるようになっています。女性やお子さんでも簡単にできますよ。

道具を使わず、缶詰を開ける方法

1

円を描くように缶詰をコンクリートにこすりつけます。

2

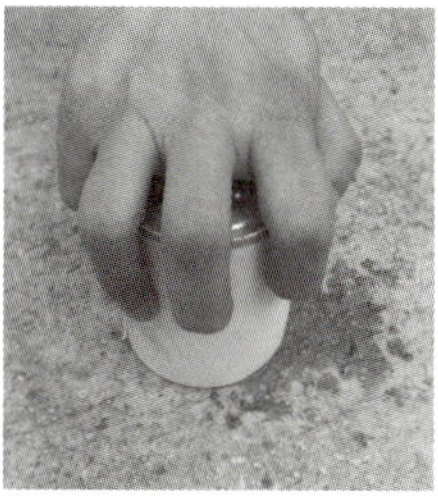

接合部分が取れて中の汁が出てきました。

3

このように取れます。ふたを取る際、砂などが中に混入しないよう注意してください。

災害時は小銭が必要！

ツイート日：2018年4月9日

□(20　年　月　日)　□(20　年　月　日)　□(20　年　月　日)

「小銭」は災害などの緊急時に必要になることがあります。特に自動販売機や公衆電話を使うときには、「小銭」が必要になります。しかし、財布や小銭入れに用意しておくのには限界があります。そこで、コインケースに硬貨ごとに分けておくと便利です。気軽に小銭貯金の感覚で始めてみてはいかがでしょうか？

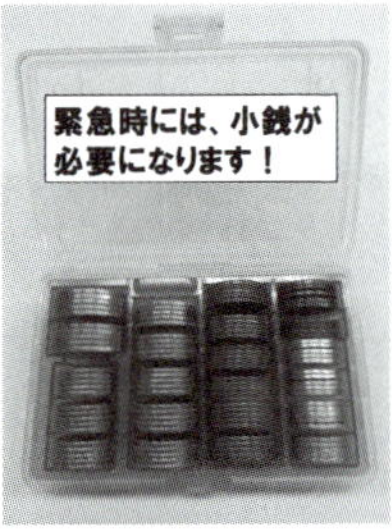

Photo：
災害対策課 Twitter

POINT

コインケースは百円均一ショップ、ホームセンターなどで手に入ります。

停電で冷蔵庫が止まったときは

ツイート日：2019年6月18日

□(20　年　月　日)　□(20　年　月　日)　□(20　年　月　日)

停電で冷蔵庫が止まってしまった！　そんなときにちょっとした工夫を！　冷凍庫にあるものを冷蔵庫の上の段に移動して、冷蔵庫の下の段に冷やしたい食品を移せば、上からの冷気で下の段の食品をしばらく保冷することができます。水滴で冷蔵庫の中が水浸しにならないように、新聞紙を敷いたりしてください。

防災ヒント

014 アナログ時計で方角を知る方法

ツイート日：2018年1月10日

□(20　年　月　日)　□(20　年　月　日)　□(20　年　月　日)

キャンプ好きの知人から「太陽とアナログ時計を使って方角を知る方法」を教わりました。不慣れな土地で大地震にあったり山で遭難した場合、自宅や目的地までたどり着くためには方角を知ることが重要です。この方法は、季節や場所で多少誤差が出ますが、非常時の知識として役立ちますのでご活用ください。

1 時計を水平に持ちます。

2 時計の短針（現時刻）を太陽の方向に合わせます。

3 次に、時計の文字盤で12時の位置を確認します。

4 12時と短針が指している、ちょうど真ん中が南になります。

5 注意点として、午前と午後で南を指す方向が違います。午前は文字盤の左側が南を、午後は文字盤の右側が南を指します。

※目的地の方角を確認しておくと、非常時に役立ちます。

災害対策課 Twitter をもとに作図

POINT

スマホには方角を知るアプリが標準で入っていたり、無料でダウンロードすることもできます。いざというときに備えて使い方を確認しておきましょう。

防災ヒント

015

重い荷物が軽くなる

ツイート日:2018年6月21日

□(20　年　月　日)　□(20　年　月　日)　□(20　年　月　日)

重い荷物と軽い荷物を重ねて運ぶとき、重い荷物（重心）を上にしたほうが軽く感じます。登山をされる方はご存じかもしれませんが、非常用持ち出し袋（リュック）も詰め方ひとつで軽く感じ、楽に運ぶことができます。重い物は上の背中側に、軽い物は下の外側に詰めるのがコツです。ぜひ試してみてください。

軽い荷物を下、重い荷物を上に重ねて運ぶほうが、その逆で運ぶより軽く感じます。

重い物は上寄りにすると軽く感じますが、高くしすぎるとバランスを崩しやすくなります。肩甲骨《けんこうこつ》から肩あたりまでにするといいと思います。

災害対策課 Twitter をもとにイラスト化

防災ヒント

016

カイロは背中のツボに貼る

ツイート日:2018年1月15日

□(20　年　月　日)　□(20　年　月　日)　□(20　年　月　日)

寒い日が続くときに欠かせないのが使い捨てカイロ。日本気象協会のＨＰによれば、写真のように背中の「風門《ふうもん》」といわれるツボの位置にカイロを貼ると効果的で風邪予防にもなるそうです。寒い季節にやってみてはいかがでしょうか。

Photo：災害対策課 Twitter

POINT

東洋医学では、「風門」から風の邪気が入ってきて風邪をひくと考えられ、風門を熱でふさぐことで風邪を予防できるといわれています。

手ぬぐいは冷却剤にもマスクにも

ツイート日:2019年5月28日

□(20　年　月　日)　□(20　年　月　日)　□(20　年　月　日)

手ぬぐいをハンカチ代わりに持ち歩いてみませんか。濡らして首などに巻けば冷却剤、縦に切って包帯、ほこり等を防ぐマスクや頭巾、重ねればオムツ。災害時にも皆さんのアイデア次第で活用範囲が広がります。吸水性・速乾性に優れ、かさばらない日本伝統の手ぬぐいを使わない手はないですよね。

防災ヒント

017

持ち出し品と備蓄品がひと目でわかる！

ツイート日:2019年4月16日

□(20　年　月　日)　□(20　年　月　日)　□(20　年　月　日)

持ち出し品と備蓄品の整理は万全ですか？　持ち出し品はリュックに詰めておき、ただちに持ち出すもので、備蓄品は長期の被災生活のためのものと考えてください。チェック表を作っておけば、持ち出し品のモレを防ぐことができますし、備蓄品の保管場所等の優先順位をつけることができます。ぜひお勧めします。

備蓄品　一覧

優先順位１(持ち出し用)

check		check		check	
	リュック		タオル		ライト
	非常食(簡易なもの)		ウェットティッシュ		軍手
	水(500ml4本)		ポリ袋		雨具
	常備薬		ガムテープ		レジャーシート
	簡易救急セット		小銭入れ		予備のメガネ
	下着等着替え		モバイルバッテリー		生理用品
	筆記用具、メモ帳		ラジオ		

チェック表のとおり持ち出せるか、実際に荷物を持ってみて確認してください。

災害対策課 Twitter をもとに作図

優先順位２（備蓄用）

check	check	check
非常食（１週間分）	大きいゴミ袋	ビニールひも
水（２人分　2L12本）	折りたたみ容器（水汲み用）	ライター
カセットコンロ、ボンベ	ラップ	乾電池
鍋	救急箱	簡易トイレ
高密度ポリエチレン袋	段ボール	古新聞

ペット用備蓄品　一覧

優先順位１（持ち出し用）

check	check	check
バッグ	予備の首輪	靴
フード（３日分）	予備のリード	プロフィールカード ※防災ヒント073参照
水（500ml２本）	排泄物用袋	ケージ
常備薬	ペット用ミニ毛布	
食器	雨合羽	

優先順位２（備蓄用）

check	check	check
ペットシート	タオル	マジック
消臭スプレー	ブラシ	大きいゴミ袋
ウェットティッシュ	ガムテープ	

私が作成した持ち出し品と備蓄品のチェック表です。わが家はペットを飼っているので、ペット用も作成しました。
家族構成によって必要な物品や数量は変わりますので、自分に合ったチェック表を作成することをお勧めします。

通勤通学に持ち歩き用 簡易防災グッズを

ツイート日:2019年3月18日

□(20　年　月　日)　□(20　年　月　日)　□(20　年　月　日)

春になると、新入生、新社会人として新しい生活を迎える方もいらっしゃると思います。通学、通勤鞄の中にも災害時に役立つ備えをしておきましょう。私は、モバイルバッテリー、笛、ライト、救急セット、常備薬、マスク、耳栓、水で戻せるタオル、ライター等を常備しています。皆さんも参考にしてみてください。

高齢者用の非常用持ち出し袋

ツイート日:2017年2月11日

□(20　年　月　日)　□(20　年　月　日)　□(20　年　月　日)

災害に備えて日頃からの準備は大切ですが、数多くの持ち出し品は、重くてお年寄りには大変です。そこで、高齢者用の非常食や非常用持ち出し袋があることをご存じですか。私の両親も80歳を過ぎていますので、もしものときに備えてプレゼントしました。皆さんもご両親にプレゼントしてはいかがでしょうか。

災対に聞いてみた！　「具体的には？」

高齢者は健康状態や生活状況に応じて、薬（お薬手帳）、メガネ、入れ歯、補聴器、杖など、代わりのききにくいものが必要になることが多いのではないでしょうか。家族の連絡先を書いたメモなどもあると安心です。非常食については、調理済みのレトルトパック食品などは自分で調理しなくてよいので高齢者に向いていると思います。
また、高齢者でも持ち出しやすいショルダーバッグタイプの非常用持ち出し袋も市販されています。その中身も、できるだけ軽くなるように工夫されているものが多いようです。

防災ヒント

\ 019 /

雪道で滑らない歩き方のコツ

ツイート日:2018年2月9日

□(20　年　月　日)　□(20　年　月　日)　□(20　年　月　日)

東京でも積雪が多い冬があり、雪道で転倒する人も多いと思います。私は東北の雪国出身ですので、「雪道で滑らない歩き方のコツ」を紹介します。積雪すると交通機関が遅延・マヒしたりしますので、時間に余裕を持って外出するのが大切です。

1

小さな歩幅で歩きましょう。

2

足の裏全体をつけて歩くようにしましょう。

3

焦らずゆっくり歩きましょう。

災害対策課 Twitter をもとにイラスト化

防災ヒント

020

緑色と白色、非常口のマークの違い

ツイート日：2019年3月20日

□(20　年　月　日)　□(20　年　月　日)　□(20　年　月　日)

クイズです。会社やデパート等で見かける非常口のマークには、背景が緑色と白色の２種類があることをご存じですか。色の違いでそれぞれ意味していることが違います。さて、その違いとは？万が一のときに慌てないように、皆さんの会社等でもしっかりと確認しておいてください。

1

背景が緑色

正式名称を「避難口誘導灯」といい、非常口そのものを示しています。

2

背景が白色

正式名称を「通路誘導灯」といい、非常口までの道のりや経路を示しています。この通路誘導灯の矢印をたどって行けば、避難口誘導灯（非常口）までたどり着けるということです。

防災ヒント

021

20分は暗くならない！ 万が一のときは避難口誘導灯を探す

ツイート日:2015年7月31日

□(20　年　月　日)　□(20　年　月　日)　□(20　年　月　日)

普段何気なく見かける避難口誘導灯は、停電になっても蓄電池等により20分以上点灯する仕組みになっています。万が一、商業施設等で停電により真っ暗になっても、まずは焦らず避難口誘導灯を探しましょう。

POINT

大規模・高層の防火対象物には、60分間作動する60分誘導灯の設置が義務づけられています。非常事態発生時には、より安心・安全な誘導が可能です。

防災ヒント

022

避難する前にブレーカーを落とす

ツイート日:2018年9月12日

□(20　年　月　日)　□(20　年　月　日)　□(20　年　月　日)

通電火災をご存じですか？　大きな地震では停電が発生し、家具や電気製品が倒れたりすることがあります。その後、電気が復旧し、通電したときに電気製品が発火するのが通電火災です。阪神・淡路大震災の際にも通電を原因とした火災が発生しています。防止策は、避難する前にブレーカーを落とすことです！

避難する前に
ブレーカーを
落としましょう！
このスイッチを
下げて
「切」にします
60A

POINT

最近は、地震発生時に設定値以上の揺れを感知したとき、ブレーカーやコンセントなどの電気を自動的に止める「感震ブレーカー」の普及も進んでいます。感震ブレーカーにはいろいろなタイプがあるので、調べてみるのもいいでしょう。

防災ヒント

023

ヘルメットは「労・検」ラベルを確認

ツイート日：2017年9月28日

□（20　年　月　日）　□（20　年　月　日）　□（20　年　月　日）

非常用持ち出し袋に保管してあるヘルメットの内側に「労・検」のラベルはついていますか？　厚生労働省の規格に適合しており、検定に合格していることを示すラベルです。着用時は取扱説明書の使用方法を守り、ヘッドバンドやあごひもにゆるみがないように締め、まっすぐにかぶり、自分の身を守りましょう。

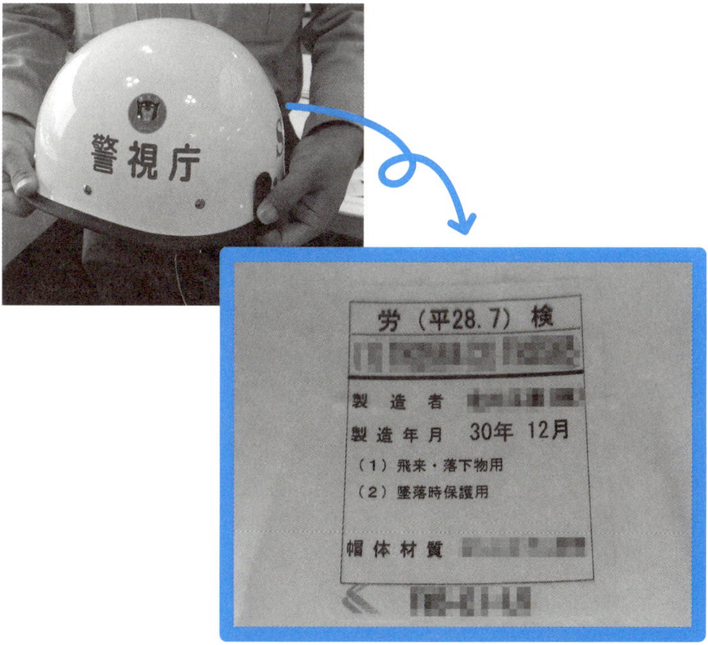

防災ヒント

024

車中泊で燃料の消費を抑える方法

ツイート日:2019年3月15日

□(20　年　月　日)　□(20　年　月　日)　□(20　年　月　日)

災害等で車中泊を余儀なくされたとき、燃料の消費を少しでも減らしたいですよね？　冬の時期は暖房が必要です。A／Cボタンがオンのままだとエンジンに負担がかかり、燃料消費が多くなりますが、オフにすることで燃料消費を抑えることができます。また、除湿機能も解除され乾燥防止にもなります。

1

通常走行時は、窓ガラスの曇り防止のためにもA／Cをオンにしましょう。

2

車中泊などをする場合は、A／Cをオフにしてエンジンの負担を減らし、ガソリンの減りを抑えましょう。除湿もオフになり、乾燥を抑えます。

冷房はA／Cを使わないと作動しませんが、暖房はエンジンの熱を利用するので、A／Cがオフでも利用できます（電気自動車等を除きます）。

防災ヒント

025

車の道路情報（AM1620）をチェックしておこう

ツイート日：2018年4月6日

□（20　年　月　日）　□（20　年　月　日）　□（20　年　月　日）

車の道路情報（AM1620）を聞いたことがありますか？　カーナビの発達により聞いたことがない人もいるのでは？　この放送、道路情報だけでなく災害発生時、道路規制などの重要な情報もタイムリーに得ることができます。まだ聞いたことがない人は、万が一のときのために「AM1620」を覚えておいてください！

1

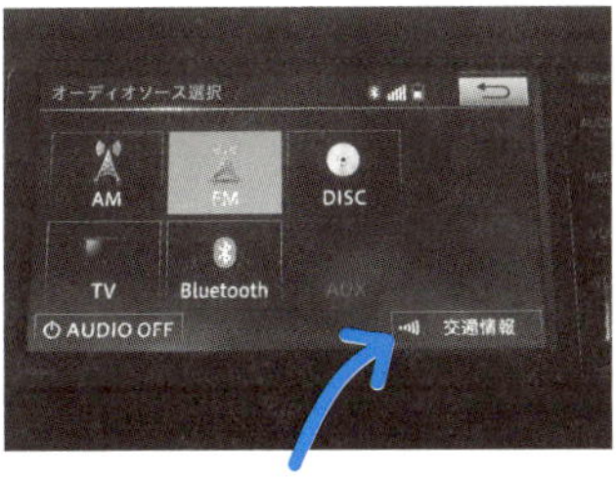

2

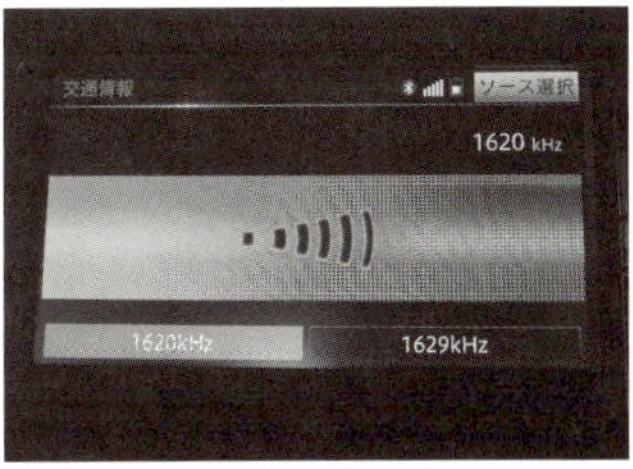

周波数は1620kHz（一部の場所では1629kHz）で、ダイレクトにつながるスイッチもあります。
最近の車両はカーナビとオーディオ・ラジオが一体化して、このようなスイッチはなくなっている場合もあるので（上・左の写真）、この機会に「AM1620（1629）」を覚えておきましょう！
このアナログ音声の病みつきになる人もいるかもしれませんよ（笑）。

※この放送は、一部の高速道路や一般道で聴くことができます（標識があります）。

ツイート日：2018年10月11日

単三電池が 単二電池・単一電池に

□（20　年　月　日）　□（20　年　月　日）　□（20　年　月　日）

「単一電池」や「単二電池」が必要なのに「単三電池」しかないよ！という経験はありませんか。そのようなときに単三電池を「単二電池」や「単一電池」として使うことができる便利グッズを店頭で見つけました。一時的に使うには十分機能します。災害時にも役立つかも！

1

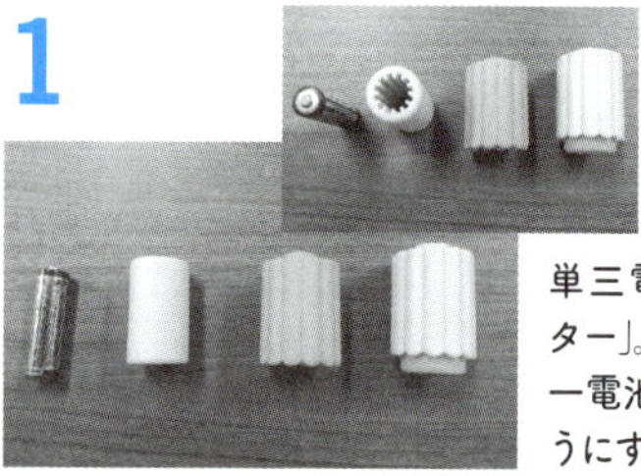

単三電池と「電池の変換アダプター」。単三電池を、単二電池、単一電池の必要な機器でも使えるようにすることができます。

2

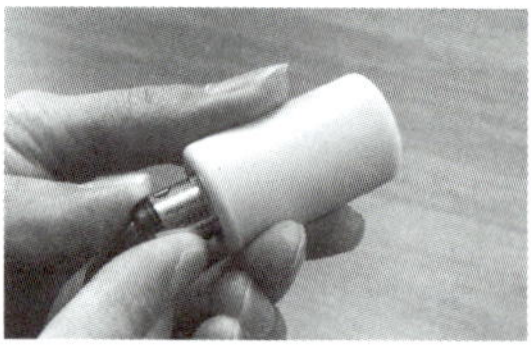

小さいほうの変換アダプターに単三電池を差し込めば、単二電池と同じ大きさになります。

3

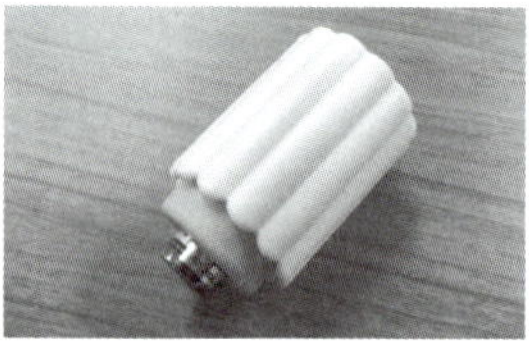

そのまま大きいほうに差し込めば、単一電池と同じ大きさになります。

ツイート日：2017年10月30日

キーホルダー付きライト

□（20　年　月　日）　□（20　年　月　日）　□（20　年　月　日）

先日、帰りが遅くなったとき、あたりが暗くバスの時刻表が見えませんでした。ふとカバンのキーホルダー付きライトの存在を思い出し、無事確認することができました。小型のライトですが真っ暗な中では十分な明るさです。家の中でもカバンの置き位置はあまり変わらないので、非常時にも役立ちそうです。

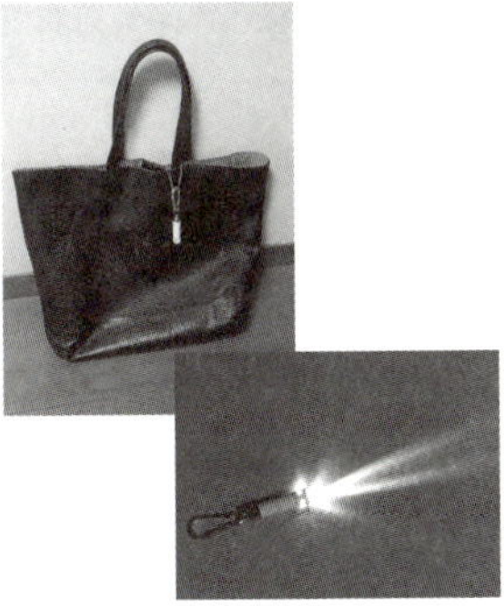

Photo：災害対策課 Twitter

ツイート日：2017年9月8日

豆腐の空き容器

□（20　年　月　日）　□（20　年　月　日）　□（20　年　月　日）

災害時の断水で洗い物ができないときに、皿替わりとして活用するため、わが家では豆腐の空き容器をとっておいています。食材の取り分けにも活用でき、汚れればそのまま捨てられるほか、重ねて保管すれば場所もとらないので重宝しますよ！　あ、普段から使っているわけではありませんけどね（笑）。

Photo：災害対策課 Twitter

ツイート日：2019年2月8日

S字フック

□（20　年　月　日）　□（20　年　月　日）　□（20　年　月　日）

大地震が発生すると、食器棚の扉が勝手に開いて、中身が飛び出してケガをしたり、避難の障害になることがあります。取っ手付きの扉の場合、S字フックを使用して、扉の開放防止を図る簡単な方法を紹介します。取り外しも楽チンなので、突っ張り棒等での転倒防止とともに、試してみてください。

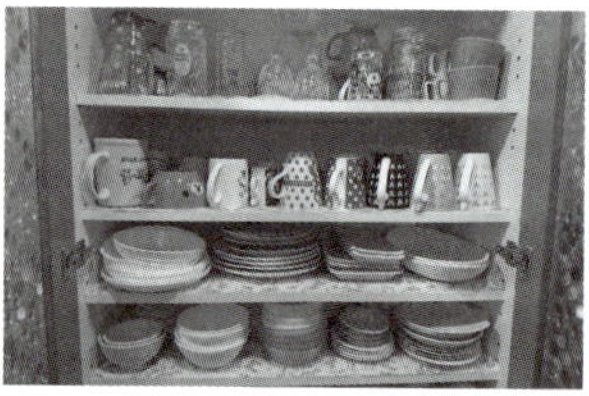

1

これが飛び出してきたら危険ですよね。

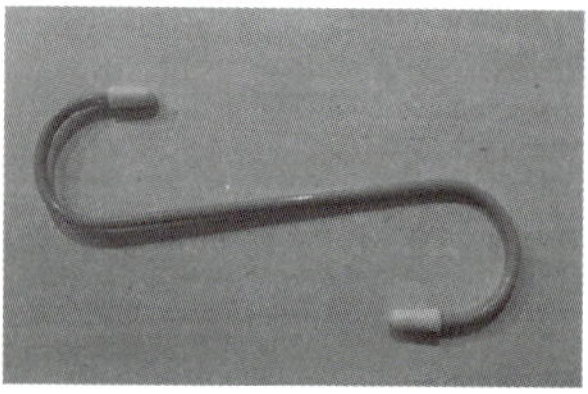

2

百円均一ショップなどで売っているS字フックです。

3

こんな感じで引っかければ完成です（地震の揺れでS字フックが落ちてしまうこともあるので、あくまで簡易な方法として……）。

Photo：災害対策課 Twitter

第2章

もしものときの便利技

災害時には、ふだん当たり前だったものが
手に入らなくなるかもしれません。
マスクがない、洗濯機が使えない……
そんなときも工夫次第でなんとかなります。
また、スマホにラップを巻いておくだけで、
防水・防汚・防塵《ぼうじん》対策には効果バツグンです。
段ボールがあれば、避難所でも椅子を作ることができます。
そんな便利技を、一度自分で実践して、
もしものときに使えるようにしておきましょう。

防災ヒント

026

クッキングシートで鍋の焦げつき防止

ツイート日:2019年4月8日

□(20　年　月　日)　□(20　年　月　日)　□(20　年　月　日)

災害時に、カセットコンロと鍋を使用して炊飯することもあるかと思いますが、鍋底に米粒がこびりついたり、焦げついたりするのが難点です。そこで、鍋の底にクッキングシートを敷いてみたところ、焦げつきを防ぐことができました。洗うときの手間と水を大幅に節約することができますのでおススメです。

1

お米の下にクッキングシートを敷きます。今回は、水に浸したお米２合に、400ml の水を入れました。
クッキングシートを直接加熱しないよう、クッキングシートの下にも、コップ４分の１くらい（約50ml）の水を入れます。

2

電気炊飯器に比べ、若干固めのご飯となりましたが、芯も残らず、おいしく炊けました。お米もこびりつくことなく、鍋を洗う手間も軽減できます。
普段使っている電気炊飯器とは、味も食感も違いましたが、何度かやってみることで、好みの味に近づけられると思います。
実際に試す際は、火気に十分注意するとともに、クッキングシートを直接加熱しないように気をつけてください。

Photo：災害対策課 Twitter

人気ツイート
第9位

防災ヒント

027

はがれにくい絆創膏

ツイート日:2018年9月4日

□(20　年　月　日)　□(20　年　月　日)　□(20　年　月　日)

先日、講習会で、ケガをした指を絆創膏で処置する方法を教わりました。絆創膏の真ん中に切れ目を入れて患部に当て、切れ目を交差させて貼ると、普通に貼るよりもはがれにくくなります。災害時はケガのリスクも増えるので、このような処置の仕方を知っておくのも何かと便利かもしれませんね。

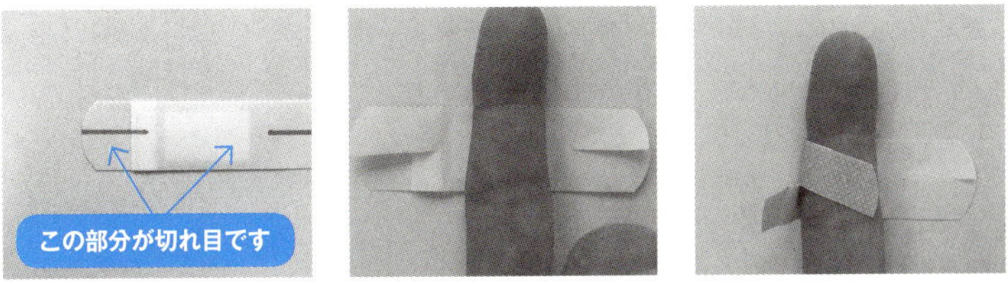

1 **絆創膏の真ん中に切れ目を入れます。切れ目を交差させて、絆創膏を貼ります。**

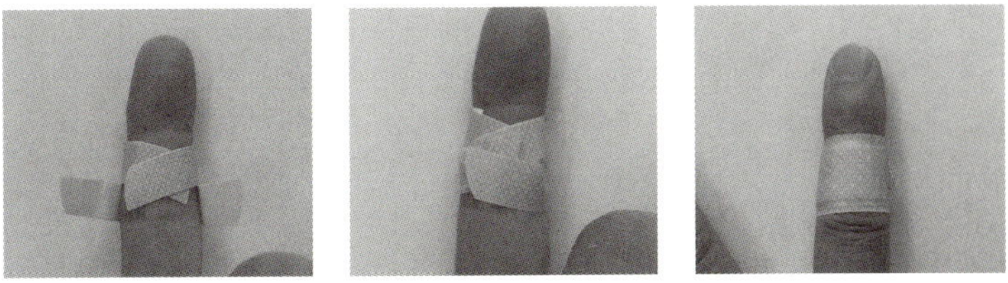

2 **切れ目すべてを交差させて貼って完成です。**

人気ツイート
第2位

防災ヒント

028

マスクをつけても メガネが曇らない方法

ツイート日：2018年10月26日

□(20　年　月　日)　□(20　年　月　日)　□(20　年　月　日)

災害時はほこり等の防止のためマスクが必須となります。メガネの方は、「マスクをすると、自分の息で目の前が真っ白！」という経験がありませんか？　解決方法は、マスクの上部を内側に折る、もしくは、マスクの内側にティッシュを添えるだけです。花粉症の季節や風邪のときにも使えますので、一度お試しください。

1 マスクの上部を折り曲げるやり方

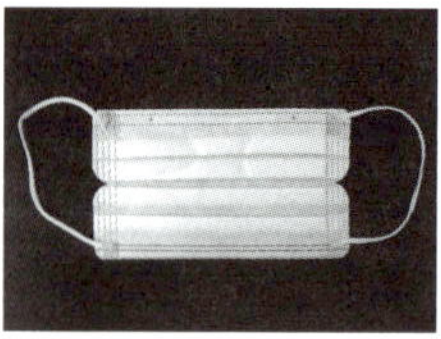
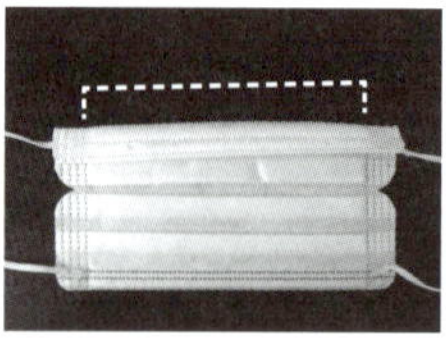

マスクの上部を内側に折り曲げるだけです。これだけでも、普通にマスクを装着するより、だいぶメガネが曇らなくなります。

2 マスクの内側にティッシュを添えるやり方

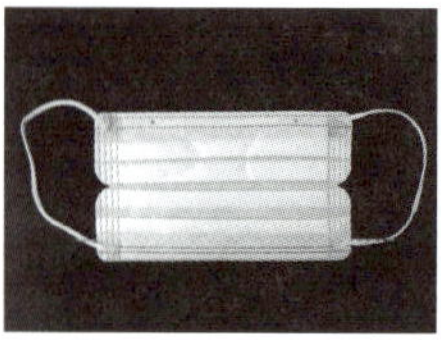
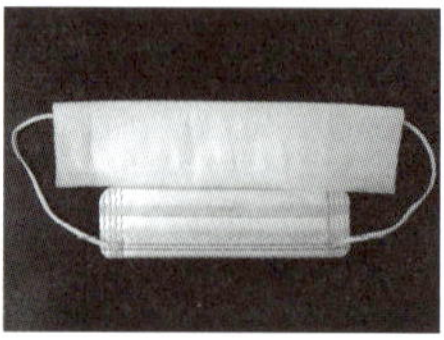
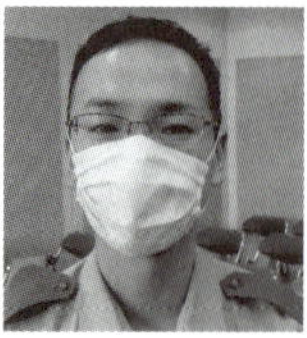

マスクの内側に四つ折りにしたティッシュを添えます。この方法では、まったくメガネが曇りませんでした。外見もほとんど違和感がありません。

防災ヒント

029

キッチンペーパーで簡易マスク

ツイート日:2017年8月7日

□(20　年　月　日)　□(20　年　月　日)　□(20　年　月　日)

キッチンペーパーで簡易マスクを作成。キッチンペーパーをじゃばらに折り、両端に輪ゴムをつけホチキス止め。ホチキスの位置で大きさを調整でき、とても簡単に作ることができました。娘につけてもらったところ「苦しくない。いい感じ」とのこと。密閉性には少し欠けますが、砂ぼこり等は十分に防げます。

1

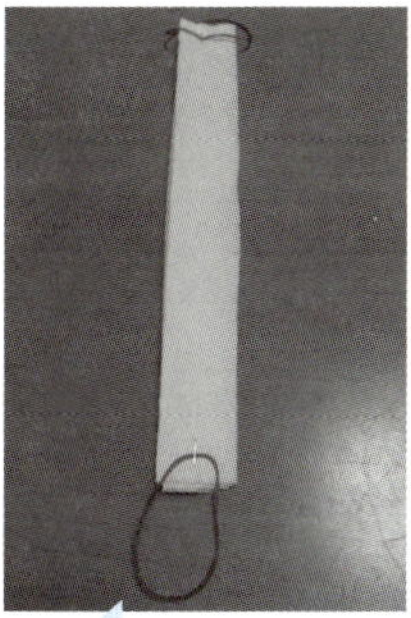

キッチンペーパーをじゃばらに
折ります。両端に輪ゴムを
つけたら、ホチキスで止めます。

2

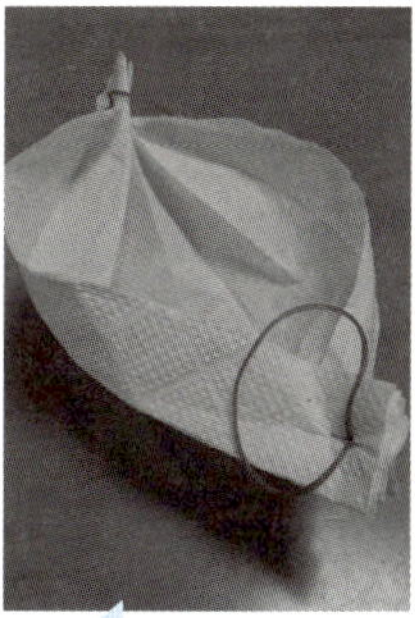

じゃばらを広げて
マスクの形に整えます。

3

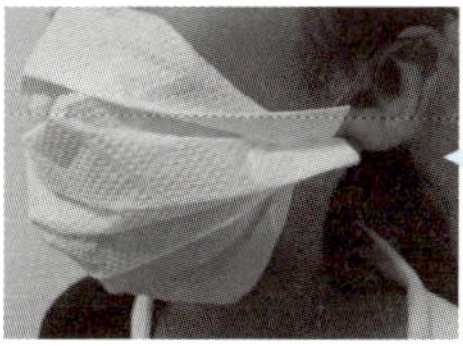

完成！

Photo：災害対策課 Twitter

防災ヒント

030

実践ロープワーク①
もやい結び

ツイート日:2018年11月15日

□(20　年　月　日)　□(20　年　月　日)　□(20　年　月　日)

防災用品としてロープを準備している方も多いと思いますので、「もやい結び」の紹介をします。簡単なうえ、引っ張ってもほどけず、作った輪の大きさも変わりません。わが家でも小3の娘に教えたところすぐにできるようになり、楽しそうに結んだりほどいたりしていました。

Photo：災害対策課 Twitter

1

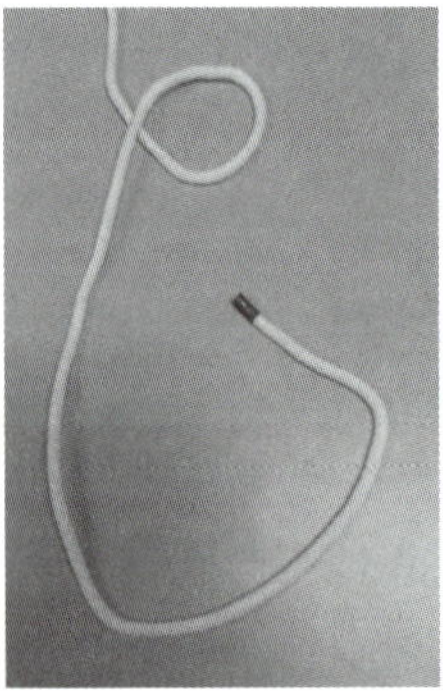

まず、小さな輪を作ります。

※先端側が上になるように交差させてください。

2

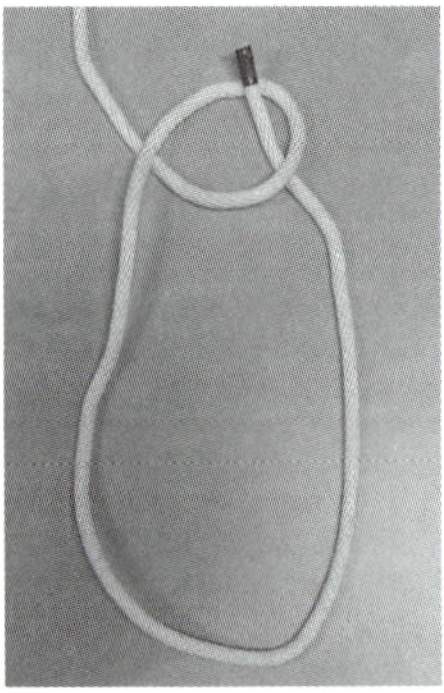

輪の下から先端を通します。

3

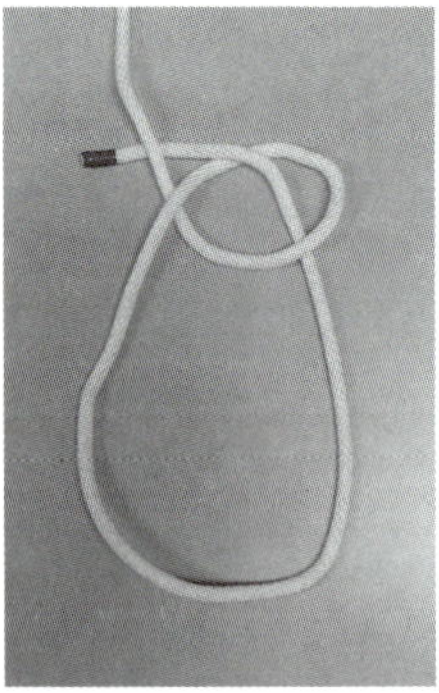

長いほうのロープの下を通します。

4

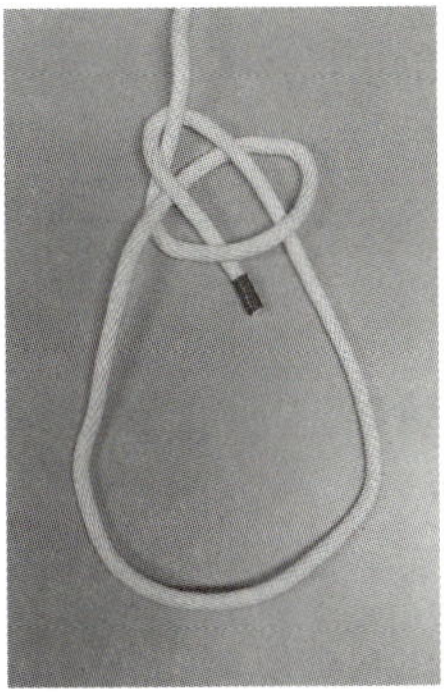

再度、小さい輪の中に通します。

5

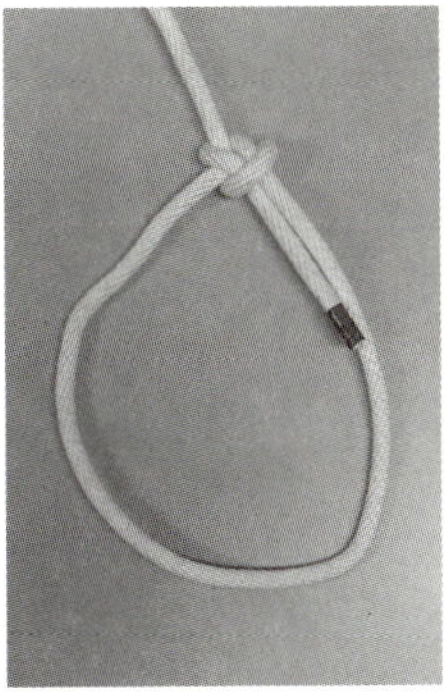

反対方向に締めて完成！

使用例

1

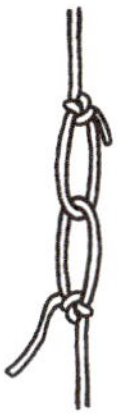

ロープ同士をつなぐ場合

2

バケツを持ち上げる場合

3

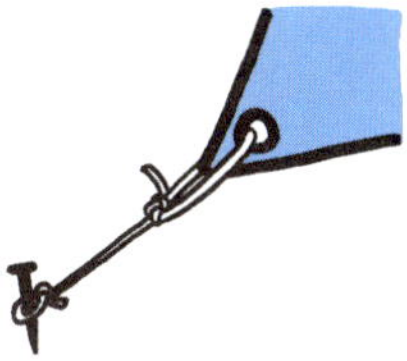

テントやシートを張る場合

もやい結びの、「もやい（舫い）」とは、船を綱等でつなぎ止めるという意味です。
ロープ同士をつなぐ、バケツを持ち上げる、テントやシートを張るなど、さまざまな用途に使えます。

災害対策課 Twitter をもとにイラスト化

防災ヒント

031

実践ロープワーク②
巻き結び

ツイート日:2019年3月6日

□(20　年　月　日)　□(20　年　月　日)　□(20　年　月　日)

「もやい結び」に続き、今回は「巻き結び」を紹介します。引っ張るほど強く締まり、簡単にほどけるのが特徴です。日常でもさまざまな用途に使用できる便利なもので、結び方も簡単です。ぜひ一度試してみてください。災害時の使用例をいくつかご紹介します。

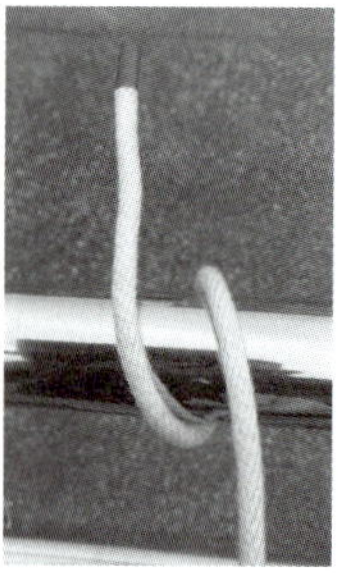

1

ロープをひと回り巻き付けます。

2

クロスさせるように、反対側に、もう1回巻き付けます。

3

巻き付けたロープの下を通します。

4

上下に引っ張って完成です。

使用例

❶

自宅の窓ガラスが飛び散ったり、塀が倒れるおそれがある場所等にロープを張り、注意を促します。

❷

避難所でのプライバシー保護で、仕切りや目隠しをするときにも使えます。

❸

ペットボトルの口にひもを結びつけることで、フリーハンドで持ち運ぶことができます。

※「巻き結び」には、「徳利《とっくり》結び」という呼び方もあります。

Photo：災害対策課 Twitter

防災ヒント

032

実践ロープワーク③ 本結び

ツイート日：2019年5月15日

□（20　　年　月　日）　□（20　　年　月　日）　□（20　　年　月　日）

今回は「本結び」を紹介します。「固結び」として多くの方がご存じだと思いますが、結び方を間違えると「縦結び」になります。ロープ同士の結束や、三角巾・風呂敷を結ぶ際に便利ですので、ぜひ一度確認してみてください。

結び方

1

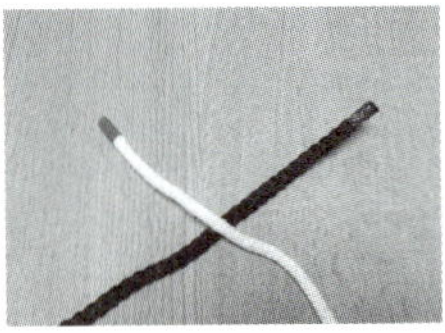

2

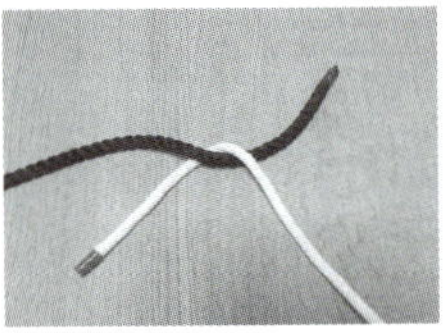

3

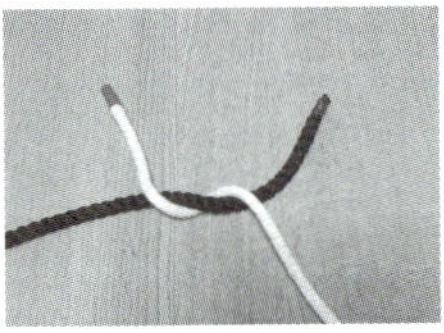

4

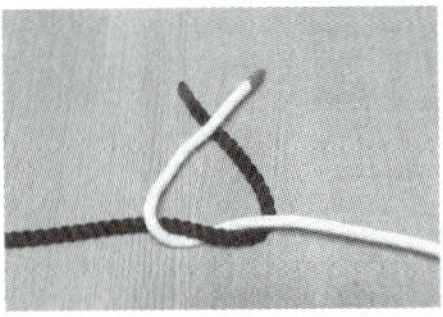

ここで上下を間違えると「縦結び」になります。

5

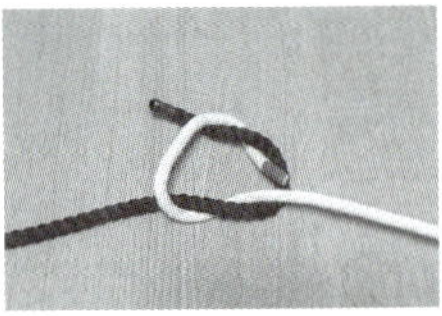

6

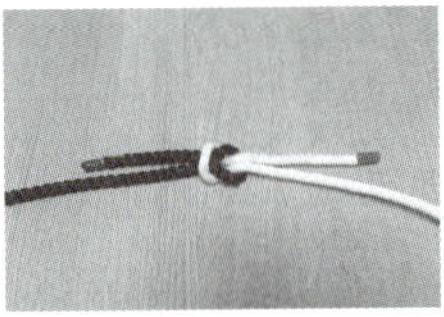

Photo：災害対策課 Twitter

解き方

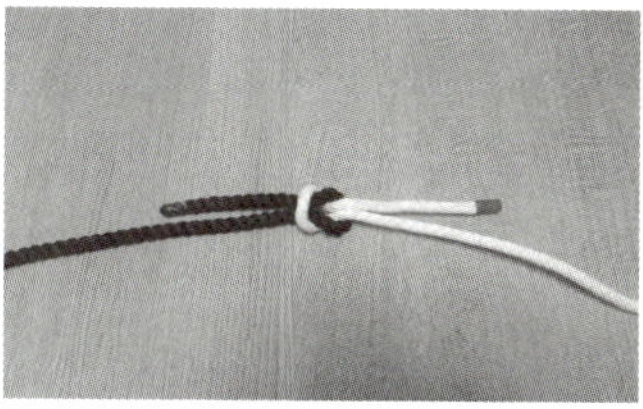

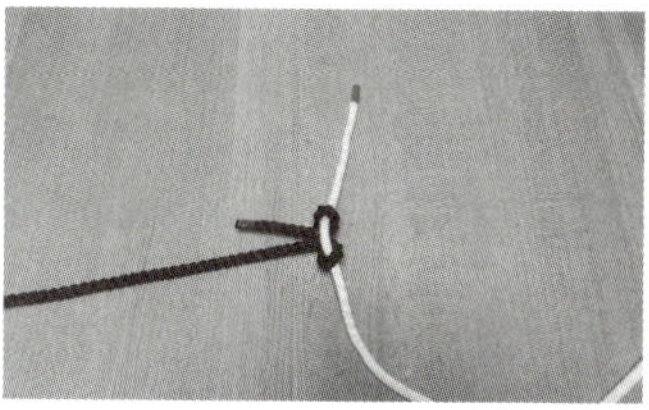

使用例

❶ ロープ同士の結束

ロープ同士をつなぐのに使用できます。ロープ同士の素材や太さが異なると解けやすくなります。

❷ 三角巾を結ぶ

救急法で三角巾を結ぶ場合も、本結びを使用します。

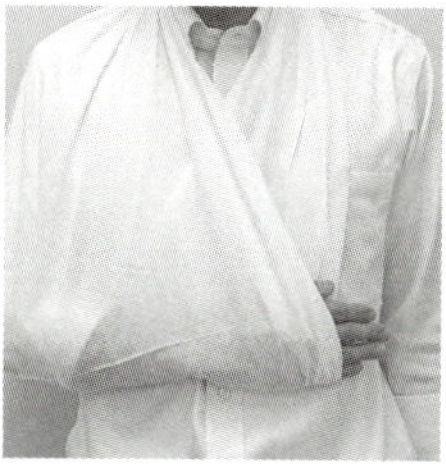

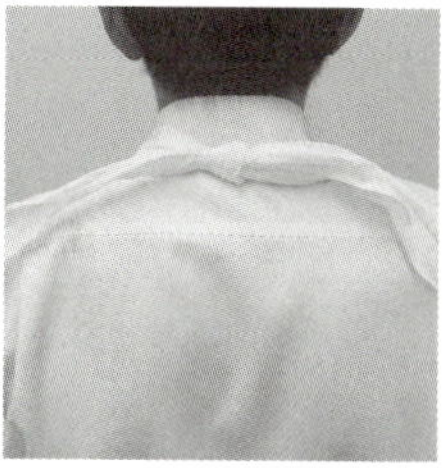

❸ 風呂敷を結ぶ

風呂敷は、災害時にも役立つアイテムです。風呂敷を使う際も、「真結び」という本結びと同じ結び方をします。

防災ヒント

\ 033 /

ペットボトルで洗濯物を乾きやすくする

ツイート日:2018年11月19日

□(20　年　月　日)　□(20　年　月　日)　□(20　年　月　日)

避難生活中の洗濯は、ひと苦労です。部屋は狭いし、洗濯物も乾きにくいし。少しでも早く乾いてほしいですよね。そんなときは針金ハンガーとペットボトルを使ってひと工夫。ハンガーの左右先端をつぶしてペットボトルを差し込むだけ。Tシャツ内に空間ができ、乾きやすくなります。参考にしてください。

1

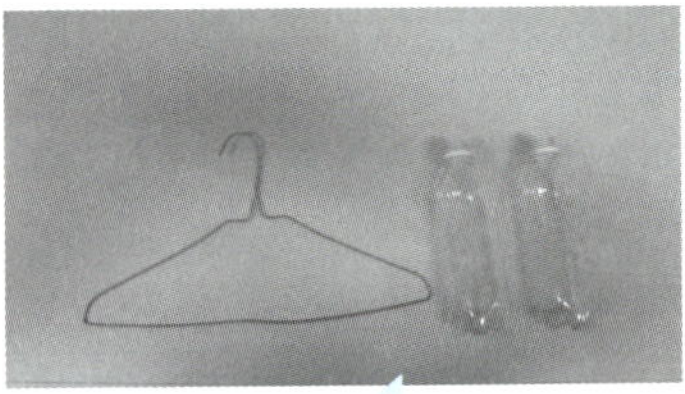

針金ハンガーとペットボトルを用意します。

2

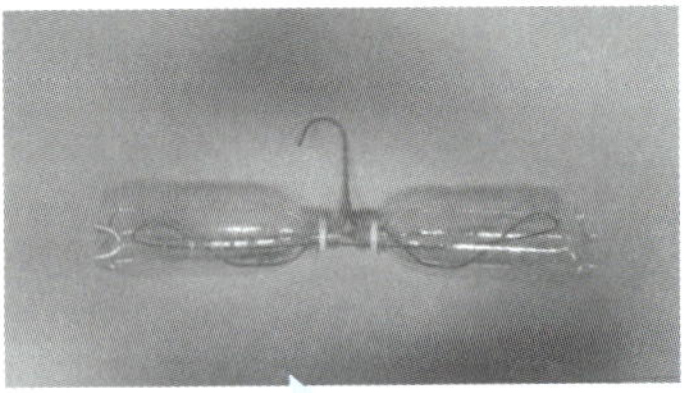

ハンガーの左右先端をつぶしてペットボトルに差し込みます。

3

洗濯物（ここではシャツ）のあいだにスペースができて、乾きやすくなります。

Photo：災害対策課 Twitter

POINT

災害時はもちろん部屋干しにも便利！

防災ヒント

034

ペットボトルで ホカホカ湯たんぽ

ツイート日：2018年12月10日

□(20　年　月　日)　□(20　年　月　日)　□(20　年　月　日)

ペットボトル湯たんぽを作りました。沸騰前の60℃くらいのお湯を８割程度入れ、ふたをします。お湯が冷めないようにホット用のペットボトルにタオルを巻き、ゴムでとめました。就寝前に布団に入れると、布団がホカホカで熟睡！　起床後もペットボトルは温かく、飲んでみると体の芯から温まったので、一石二鳥です。

熱湯を満杯に入れるとペットボトルが変形したり、やけどしたりするので注意が必要です。

1　ペットボトルにお湯を８割くらい入れて、ふたを閉めます。

2　お湯が冷めないようにタオルを巻き、完成です。

3　２～３本あれば、布団全体がホカホカになります。

4　湯たんぽとして使った後は、飲み水、洗面時のお湯、凍ったフロントガラスの氷を溶かすのにも使えます。

災害対策課 Twitter をもとにイラスト化

防災ヒント

035

万が一、車が水没したときのために……

ツイート日:2019年1月31日

□(20　年　月　日)　□(20　年　月　日)　□(20　年　月　日)

交通事故やアンダーパスでの水没で、車のドアが開かなくなったときに使用する緊急脱出用のハンマー。使用のコツは、ガラスの隅を垂直に数回叩くことです。これはガラスの性質上、中央に行くほど弾性があり、割れにくくなるからです。また、フロントガラスは叩いても割れないので、叩くのはサイドガラスと覚えておきましょう。

1

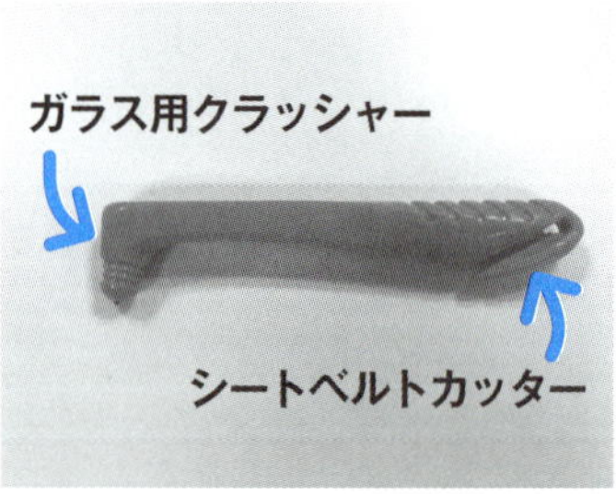

緊急脱出用のハンマーの反対側は、シートベルトを簡単に切断できるカッターもついています。

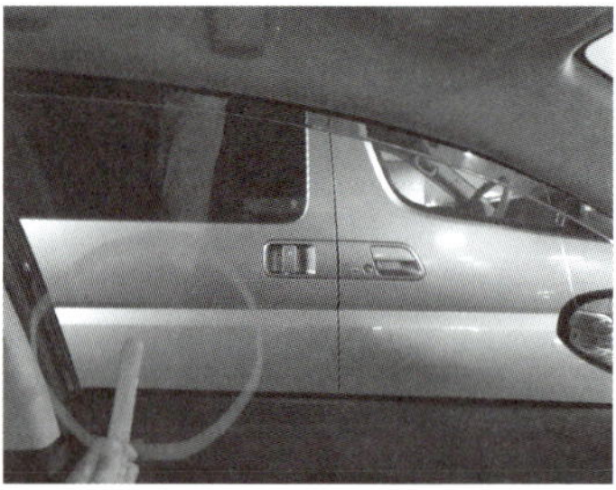

割れやすい枠の隅を狙いましょう。
(車内から撮影)

2

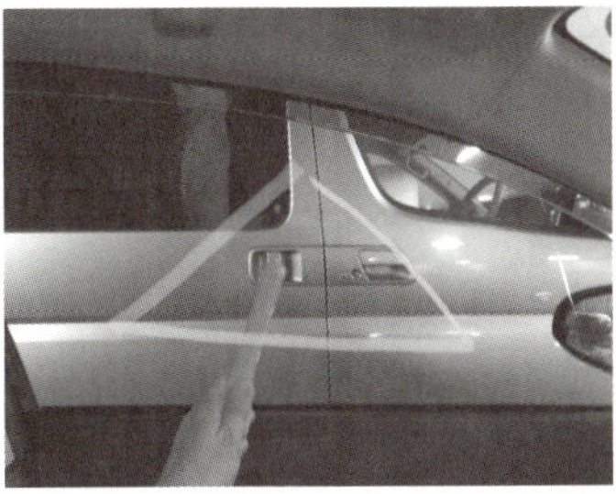

ガラス枠の中央付近は弾性があり、割れにくくなっています。
(車内から撮影)

割れないわけではありませんので、緊急時は躊《ちゅう》躇《ちょ》することなく割りましょう！

3

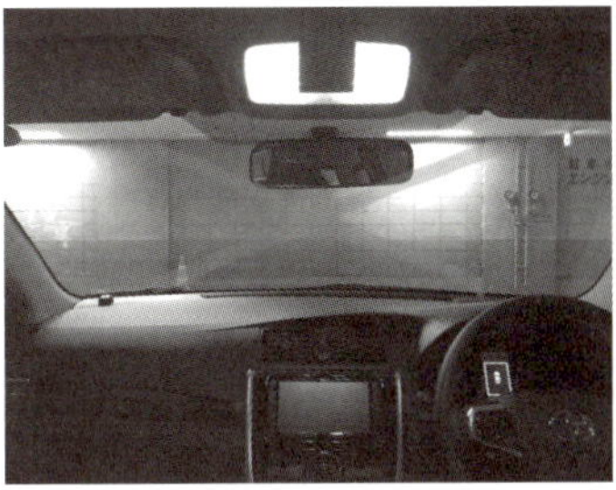

フロントガラスは材質も違い、割れません！

リアガラスもフロントガラスと同様、割れない材質の可能性があります。

4

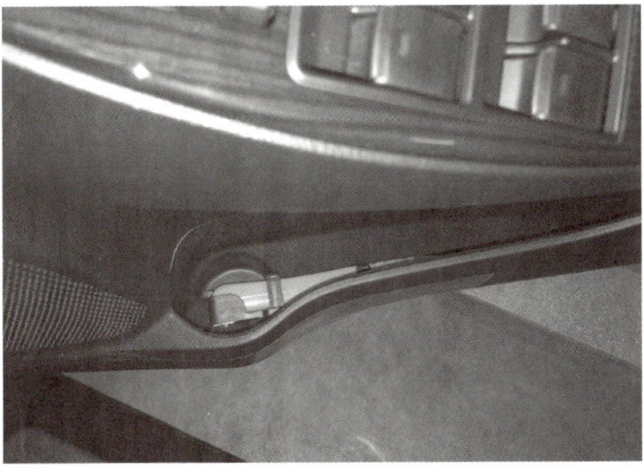

緊急脱出用のハンマーはすぐに取り出せるドアポケットや、センターコンソール等に置いておきましょう。

Photo：災害対策課 Twitter

防災ヒント

\ 036 /

ファスナー付き上着で着替え

ツイート日:2019年1月9日

□(20　年　月　日)　□(20　年　月　日)　□(20　年　月　日)

避難所生活で着替える場所がない。そんなときファスナー付きの上着があれば便利です。まず腰のあたりに上着をあてファスナーを上げます。このときファスナーをスライダーでロックすると上着がずり落ちずに着替えることができます。薄手のウインドブレーカーなら着ないときでもコンパクトに収納できますよ。

1

上着を腰にあてます。

2

前かがみになり、上着がずり落ちないところまでファスナーを上げます。

3

スライダーを下に倒すとロックがかかり、ファスナーが下がらなくなります。

4

ズボン等をはき替えることができます。ただし、人前での着替えに抵抗がある方もいるので緊急時の参考としてください。

POINT

スライダーが下がっているとき、ファスナーはロックされて動きません。

災害対策課 Twitter をもとにイラスト化

防災ヒント

\ 037 /

ロープにライトを吊るして電灯代わり

ツイート日:2017年11月22日

□(20　年　月　日)　□(20　年　月　日)　□(20　年　月　日)

先日、災害発生に備え町内役員と防災倉庫の点検をしました。倉庫内は電灯がなく薄暗かったため、急遽、ロープにライトを吊るして電灯代わりにする方法を紹介したところ、役員の方々に好評でした。アウトドアにも活用できますので、ぜひ試してはいかがですか。

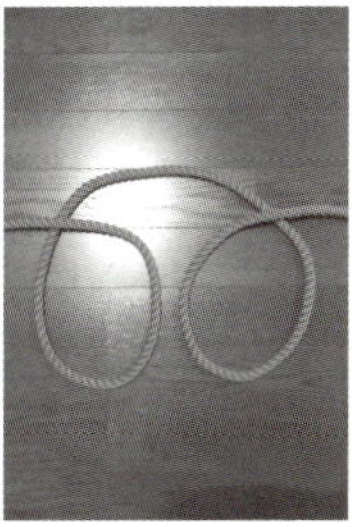

1

輪を２つ作ります。

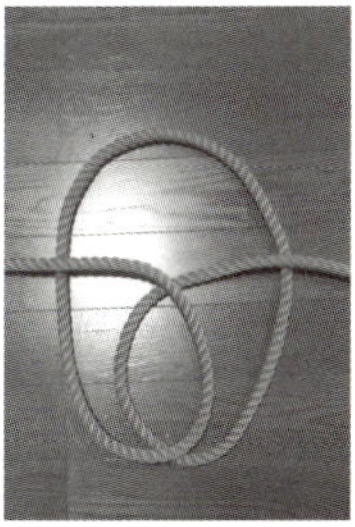

2

２つの輪を上下に重ねます。

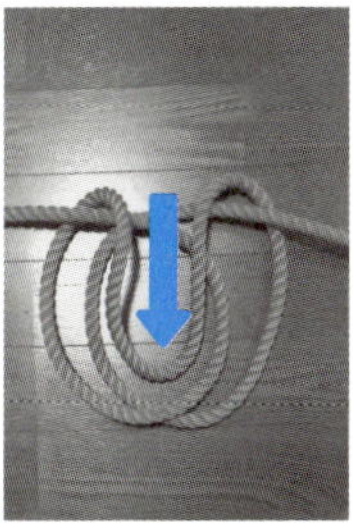

3

ロープの上部を中央にできた輪の中に通し、輪の形を整えながら下に引っ張ります。

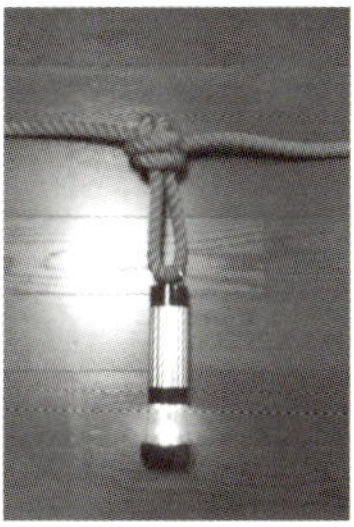

4

下にできた輪にランタンやライトを吊るして照らせば、完成です。

Photo：災害対策課 Twitter

防災ヒント

038

段ボールで椅子を作ってみた①

ツイート日:2018年6月14日

□(20　年　月　日)　□(20　年　月　日)　□(20　年　月　日)

段ボールで「椅子」を作ってみました。東日本大震災では多くの方が避難所生活を余儀なくされました。避難所となる体育館等は、床が固く冷たい場所が多く、さらには直接床に座るとほこりを多く吸い込むことにもなります。厚手の段ボールがあれば簡単に作れますので、一度お試しください。

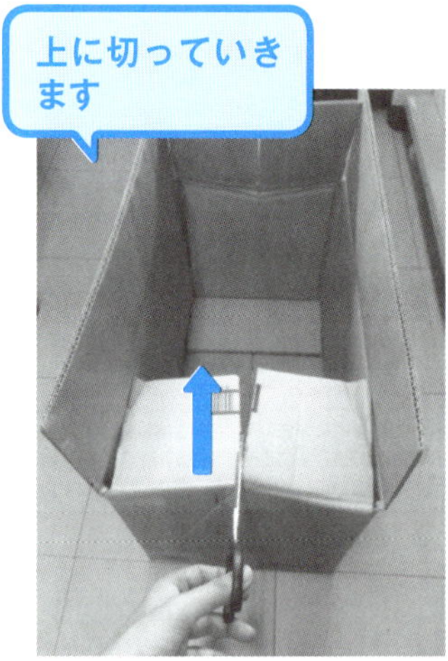

1　**段ボールとハサミとガムテープを用意します。段ボールのふたの短いほうの真ん中あたりに切り込みを入れ、ふたを切ります。反対側のふたも同様に切ります。**

2 切ったふたの端から底辺の２つの角（A→B、A→C）にハサミで折り目をつけます。この作業を反対側でも行います。
次に、切ったふたを内側に折り込みます。

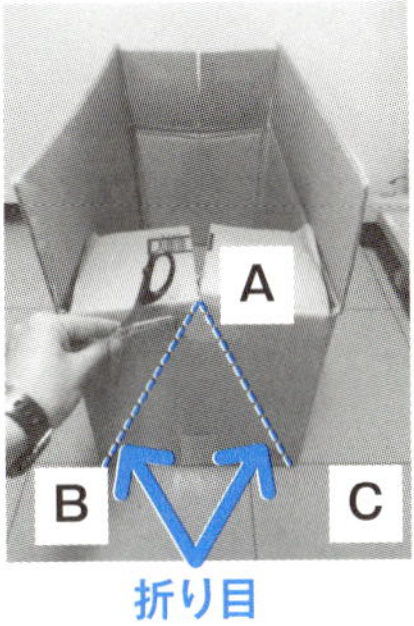

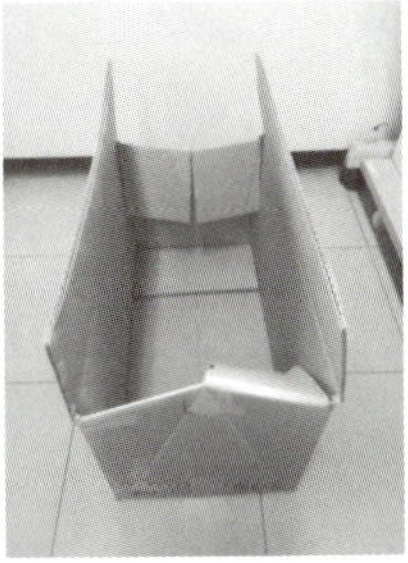

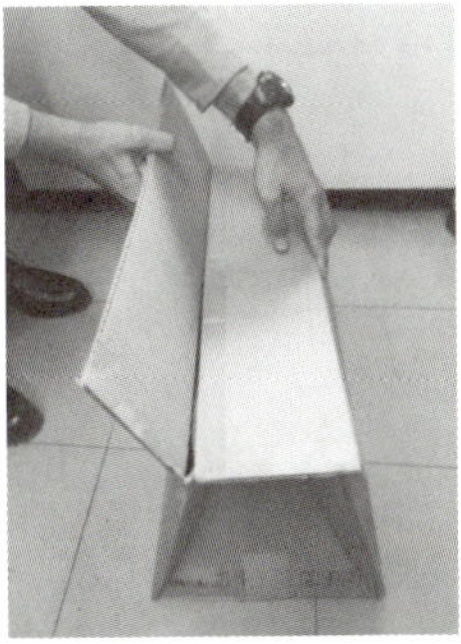

3 折り目を押し込み、長いほうのふたを閉めます。

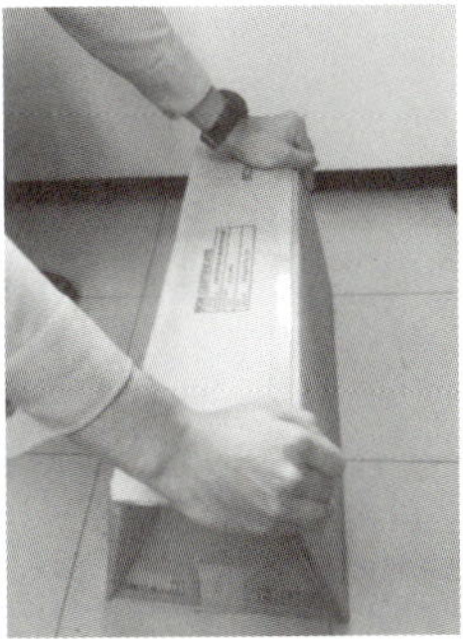

4 反対側のふたを重ねます。

5 ふたが離れないようにガムテープで固定します。

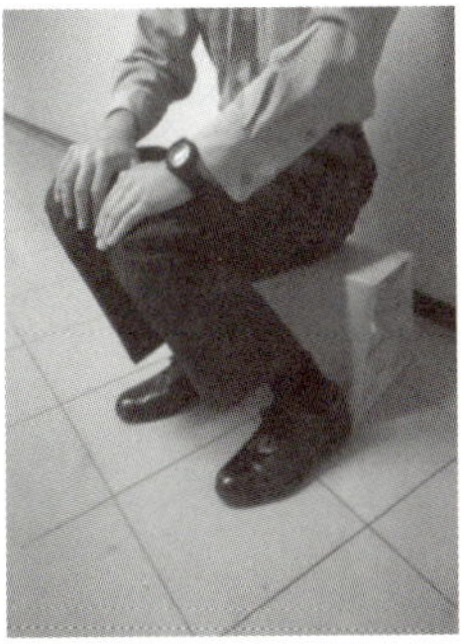

6 完成！　10分くらいで完成しました。意外に丈夫です！

Photo：災害対策課 Twitter

防災ヒント

039

段ボールで椅子を作ってみた②

ツイート日:2019年 1月7日

□(20　年　月　日)　□(20　年　月　日)　□(20　年　月　日)

前項で「段ボールで作る椅子」を紹介しましたが、今回は別の方法で椅子を作ってみました。ふたの長辺を切り、中央から内側に折り（ひもで結べばよりしっかり固定されます)、残ったふたを折り合わせて完成です。簡単で大人が座っても十分な安定感でした。大きな段ボールで作れば机にもなります！

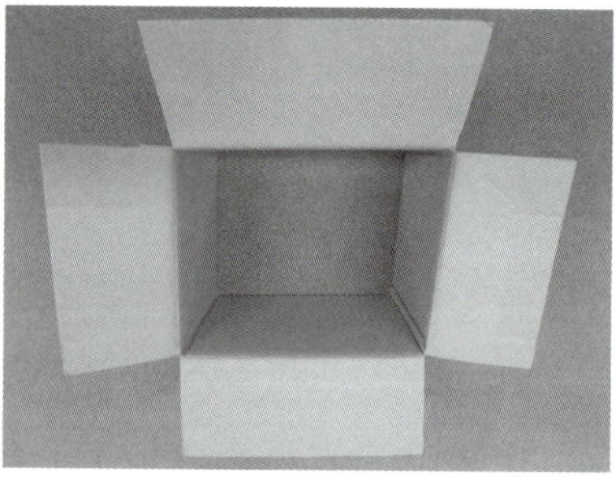

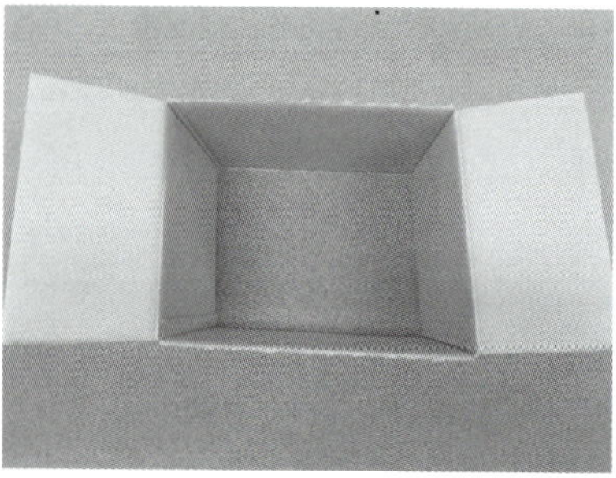

1

段ボールのふたの長いほうを上下とも切り取ります。

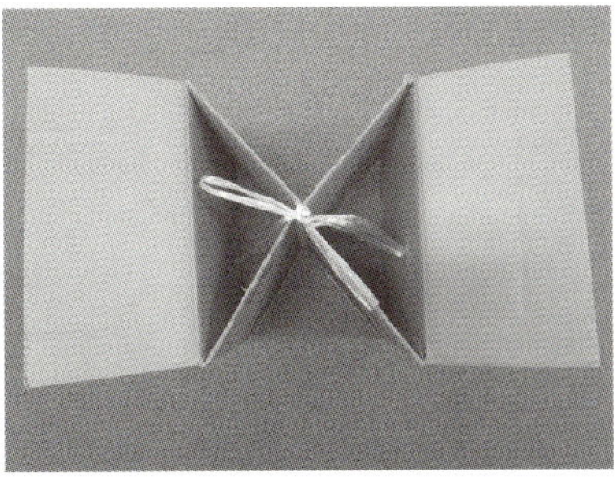

2

中央から内側に折り、ひもやテープでとめます。

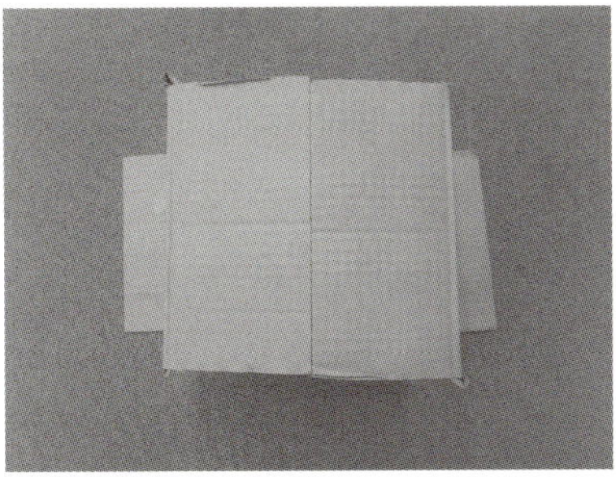

3

残ったふたを折り合わせます（ふたの長さがぴったり合わない場合もあります。切って長さを調整すると凹凸がなくなります）。

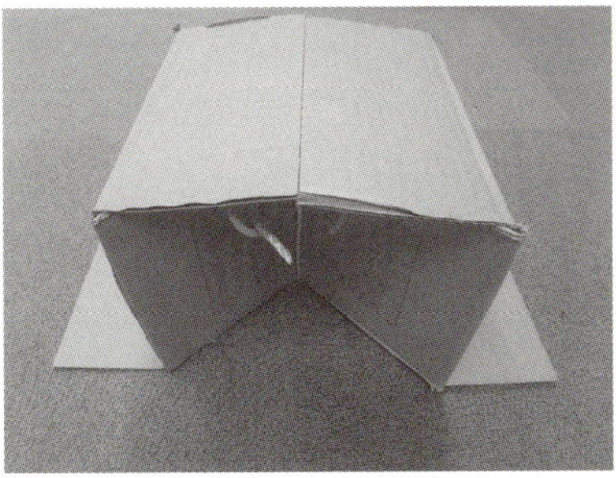

4

この段ボール椅子を組み合わせればベッドにもなりますし、大きい段ボールを使えば机にもなります。

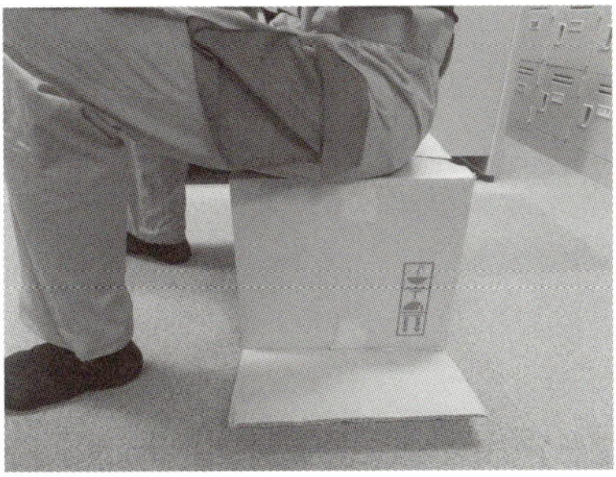

Photo：災害対策課 Twitter

防災ヒント

040

タオルを「抱っこひも」に

ツイート日:2017年12月6日

□(20　年　月　日)　□(20　年　月　日)　□(20　年　月　日)

インターネット上に「タオルで抱っこひも」が紹介されていたので試してみました。作り方も簡単で、体重約10キロの娘も長時間、楽に抱っこができたので、小さなお子様がいる家庭は災害時に役立つと思います。なお、抱いているあいだは大切なお子様にケガをさせないよう必ず手を添えてください。

1 **端を三角に折ります。**

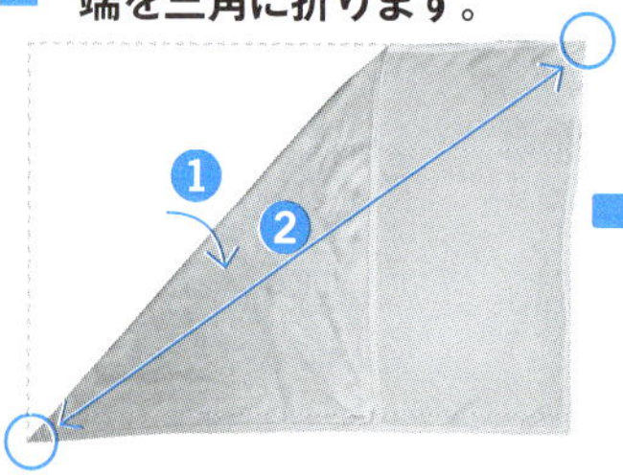

2 **対角線の角を2回固結び。**
※ほどけないように固く縛ります。

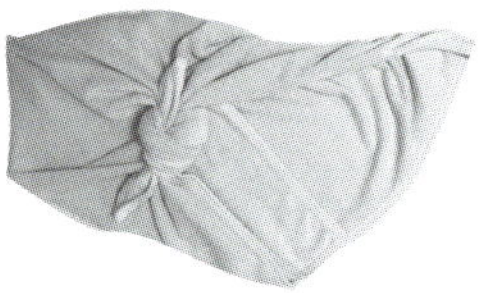

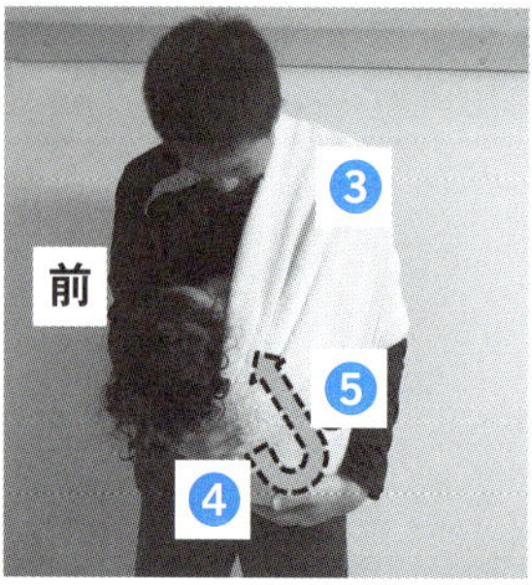

※必ず手を添えてください。

3 **図のように肩からかけ、結び目はわき腹あたりに。**

4 **赤ちゃんを中に入れて、担ぎ上げます。**

5 **赤ちゃんの股の下から毛布の角を通して上まで引き上げます。**

Photo：災害対策課 Twitter

防災ヒント

041
ジャンパーで子供を抱っこ

ツイート日:2018年2月2日

□(20　年　月　日)　□(20　年　月　日)　□(20　年　月　日)

先日、子供を抱っこする際に子供と大人のジャンパーのファスナーを互い違いにつなぎ合わせ羽織ってみました。抱っこされた子供はジャンパーを重ね着する状態となり温かそう。普段は子供を抱っこしたまま羽織ることのできるコートを使っていますが、厳寒の災害時、これを代用するといいかもしれませんね。

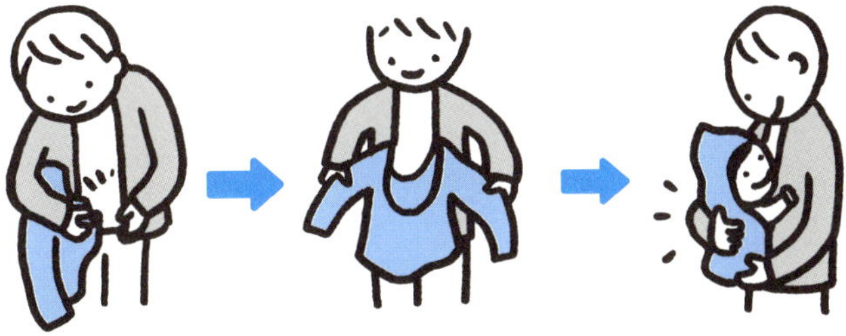

1 ジャンパー同士のファスナーをつまみ、つなぎ合わせます。

2 つなぎ合わせた状態です。ファスナーの規格によっては、つなぐことができない服もあるので注意が必要です。

3 すでにジャンパーを着た子供の上から掛けることができ、防寒対策になります。

災害対策課 Twitter をもとにイラスト化

防災ヒント

\ 042 /

シーツを背負いひもにする

ツイート日:2019年1月16日

□(20　年　月　日)　□(20　年　月　日)　□(20　年　月　日)

シーツを利用した背負いひもで、おんぶが楽になる方法の紹介です。背負う人は両手を自由に使えるので、より安全に移動することができます。背負ったとき、お互いが痛くない位置にシーツの結び目を持ってくるのがポイントです。ぜひお試しのうえ、活用していただければと思います。

1

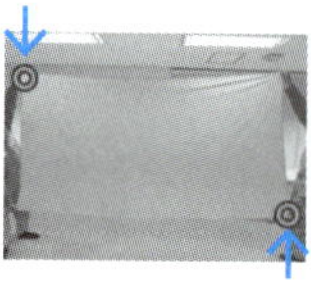

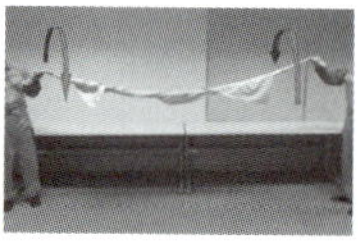

2人でシーツを持ち、マルの部分を、それぞれが4～5回ほど反対向きにねじります。

2

両端を結んで輪を作ります。

3

8の字にひねります。

4

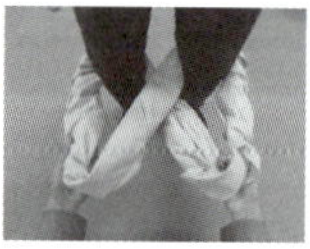

上から足を通します。

5

腕を通しておんぶします。

6

おんぶも楽々、両手も使えます。

Photo：災害対策課 Twitter

防災ヒント

043

Tシャツで三角巾

ツイート日:2018年9月3日

□(20　年　月　日)　□(20　年　月　日)　□(20　年　月　日)

ご存じの方も多いと思いますが、長袖のTシャツやYシャツで三角巾と同じように腕を吊ることができます。まず左右の袖の先端を結びます。結び目が背中側にくるように首にかけ、腕を中に通せばできあがりです。結び目の位置を変えれば調整できるので覚えておくと便利です。

1　2　3

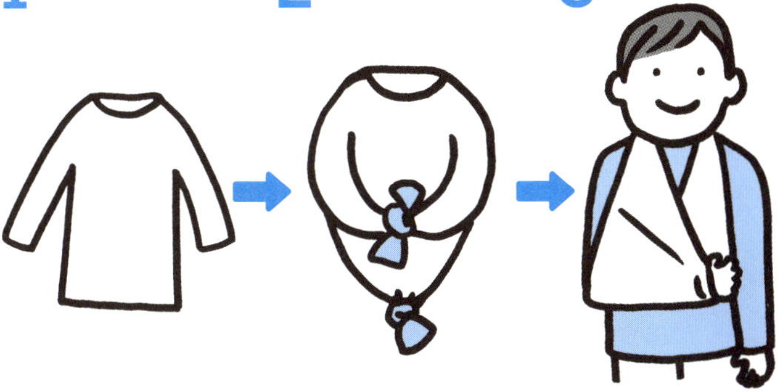

1. 長袖のシャツを用意します。
2. 左右の袖の先端を結びます。ここで裾も結ぶと、三角巾にしたとき布地が垂れてきません。
3. 袖の結び目を首の後ろにして、首にかけます。

災害対策課 Twitter をもとにイラスト化

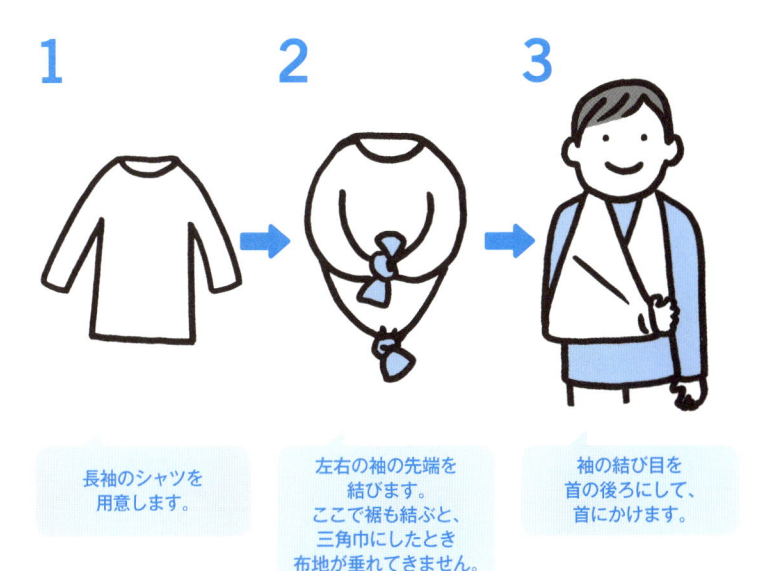

防災ヒント

044

ラップがスマホを守ります

ツイート日:2017年11月10日

□(20　年　月　日)　□(20　年　月　日)　□(20　年　月　日)

趣味の魚釣りでひと工夫。あらかじめスマートフォン（スマホ）にラップをひと巻きしていざ出港。海水でびしょびしょに濡れても、エサや魚で手が汚れても気にせずスマホのタッチパネルを操作することができます。もちろん通話もできます。降雨、降雪時にもスマホや携帯電話の防滴、防汚、防塵《ぼうじん》対策としてとても効果的です。

新聞紙で簡易ひざ掛け

ツイート日:2017年10月5日

□(20　年　月　日)　□(20　年　月　日)　□(20　年　月　日)

新聞紙の保温効果はよく知られています。寒い季節用に、新聞紙とポリ袋で簡易ひざ掛けを作ってみました。くしゃくしゃに丸めた新聞紙をポリ袋に入れただけの簡単な物ですが、その中に足を入れると保温効果があり、とても温かく、避難所での防寒対策としてとても有効です。

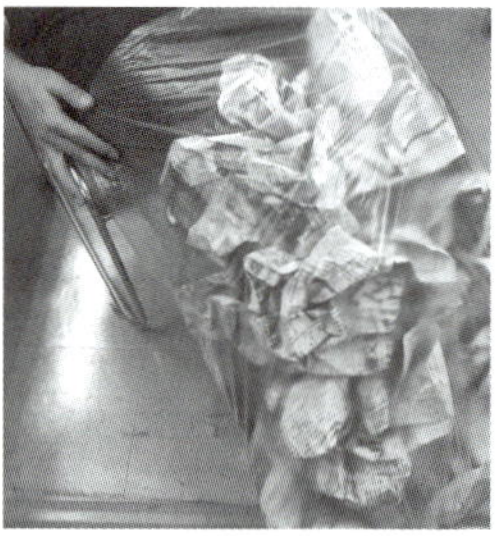

Photo：災害対策課 Twitter

POINT

ゴミ袋によく使われる45リットルのポリ袋は、いろいろな用途に使うことができます（写真では70リットルのポリ袋を使っています）。

防災ヒント

\ 045 /

長袖の服が靴になる

ツイート日:2018年5月21日

□(20　年　月　日)　□(20　年　月　日)　□(20　年　月　日)

土砂災害や突発的な風水害が発生し、家の２階に避難したものの、さて、そこから外に避難するための靴がない。どうする？ そんなときに長袖の服で足を覆い、避難所までの臨時的な靴を作成することができます。また、足裏にタオルや新聞紙を当てれば、クッション性もアップします。

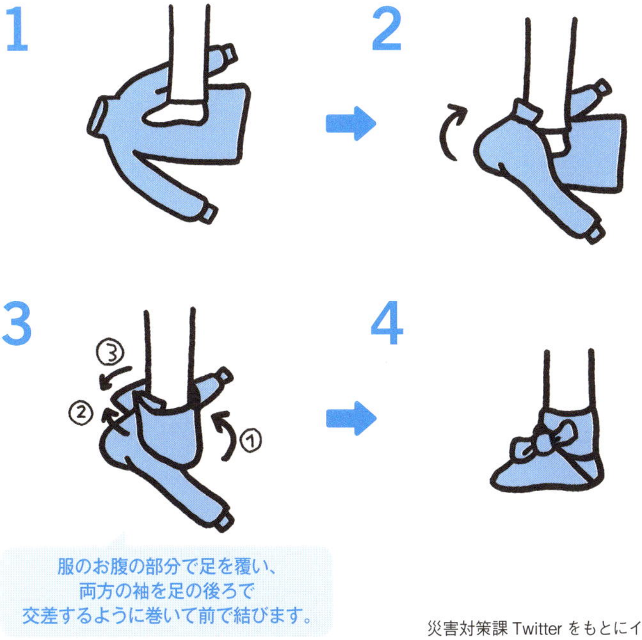
1
2
3
③
②
①
4
服のお腹の部分で足を覆い、
両方の袖を足の後ろで
交差するように巻いて前で結びます。

災害対策課 Twitter をもとにイラスト化

防災ヒント

046

あっという間に毛布をたたむ

ツイート日:2017年11月6日

□(20　年　月　日)　□(20　年　月　日)　□(20　年　月　日)

災害時の必需品である「毛布」を一瞬にして四つ折りにする早技を紹介します。これは20数年前、私が機動隊のレスキュー隊員の駆け出しの頃、先輩から教わった技で、タオルケットやレジャーシートでもできます。下の写真のとおり、小学生の息子もあっという間に四つ折りに！　ぜひ一度試してみてください。

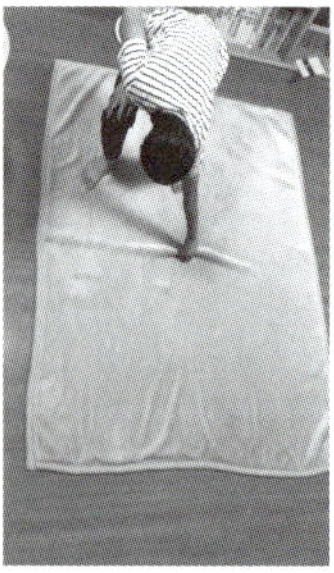

1

片手で毛布の中心をつかみます。

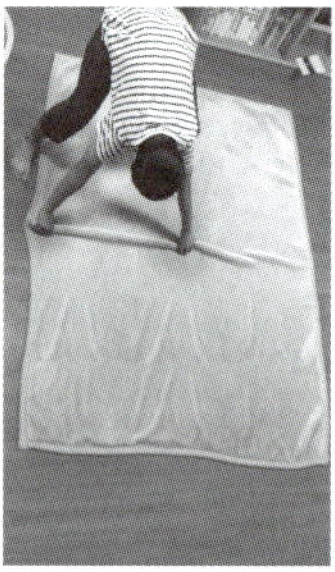

2

もう片方の手で毛布の端をつかみます。

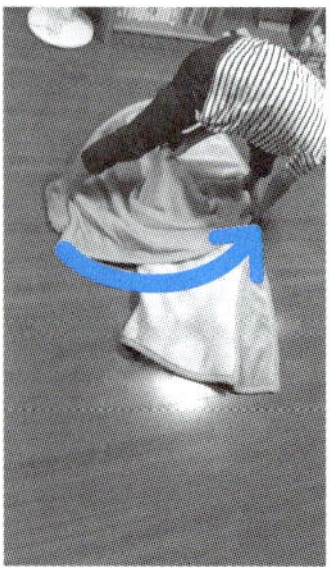

3

端をつかんだまま、反対側の端をつかみます。

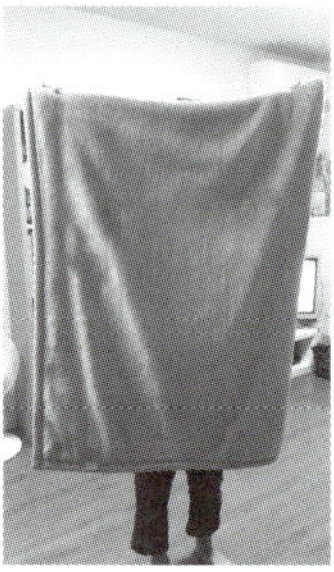

4

ばさっと軽く振ってできあがり。

Photo：災害対策課 Twitter

防災ヒント

\ 047 /

レジャーシートをきれいにたたむ

2019年5月20日

□(20　年　月　日)　□(20　年　月　日)　□(20　年　月　日)

レジャーシーズンで、突然の雨や防寒対策として持っていると便利なのが「保温シート」です。これは百円均一ショップ等でも簡単に手に入りますが、一度広げてしまうと収納するのに手間がかかります。そこで、洗濯バサミを2つ使用したたたみ方をご紹介します。

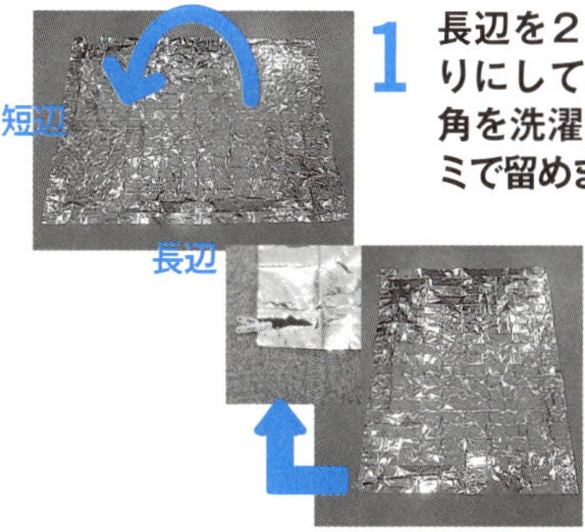

1 長辺を2つ折りにして、両角を洗濯バサミで留めます。

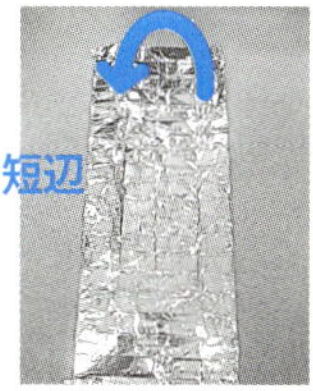

2 さらに同じ方向に約10センチ幅になるまで繰り返し折り重ねていきます。このときに角がズレないようにその都度、洗濯バサミで留めるのがポイントです。

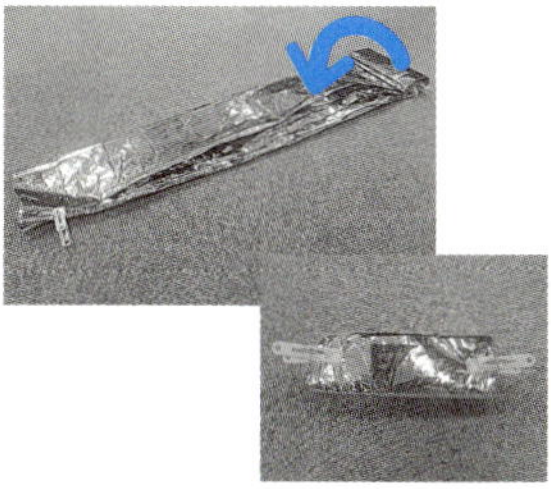

3 片側の洗濯バサミを中心にして空気を抜きながら丸めていきます。最後に両側の角を洗濯バサミで留めれば完了です。保温に使用する際も、洗濯バサミがあると簡単に首元などを留めることができるので、試してみてください。

Photo：災害対策課 Twitter

防災ヒント

\ 048 /

簡易土のうの作り方

ツイート日:2018年8月2日

□(20　年　月　日)　□(20　年　月　日)　□(20　年　月　日)

「西日本豪雨」による被害を受け、風水害への対策が注目されています。そこで今回は2回に分けて、土のうの作り方と積み方について紹介します。1回目は「作り方」で、方法はいくつかありますが、私たち警視庁特殊救助隊が実際に行っている方法やポイントなどについて紹介します。

1

袋の口はひと握り分を残します。

2

ひもは2～3回巻きつけて、結びます。

3

ひと握り分を残すのは、持ち運びに便利で、袋の口が解けにくくなるためです。

POINT

2018年7月の「西日本豪雨」では、長時間の豪雨により河川の氾濫や浸水害、土砂災害が多発し、死者が200人を超える平成最悪の水害となりました。

基本的な積み方

4

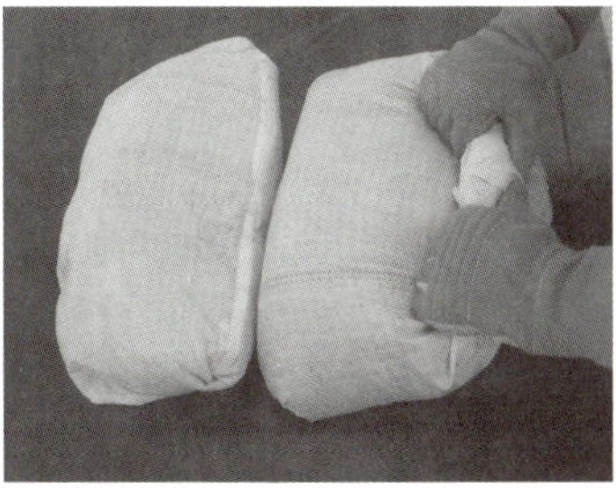

ひもや袋の口が外側に出ないように巻き込みます。

5

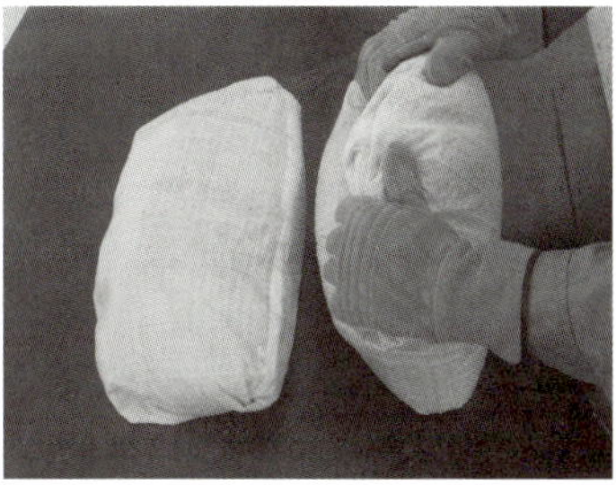

隙間を作らず、少し重ねるように積みます。

これを繰り返し、積み土のうができあがります。

隙間ができないように、叩いて形を整えながら積むのがポイントです。

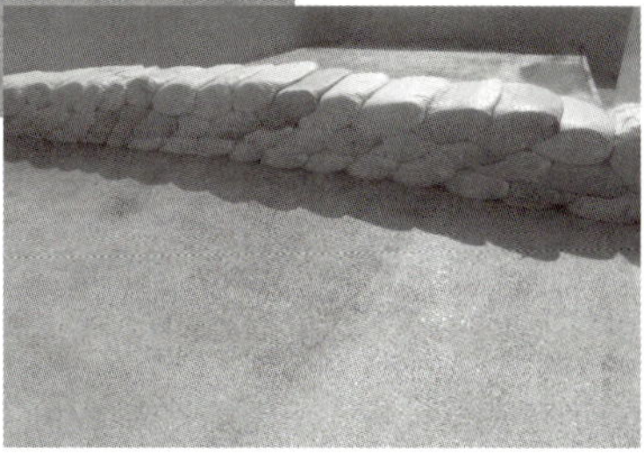

Photo：災害対策課 Twitter

防災ヒント

049

簡易土のうの積み方

ツイート日:2018年8月3日

□(20　年　月　日)　□(20　年　月　日)　□(20　年　月　日)

前回の土のうの作り方に引き続き、今回は積み方とその効果について検証してきました。隙間なく平らに積むことで防水の効果は上がります。さらにブルーシートで土のうを包むと効果的です。実際は列を増やすなどして補強が必要となりますが、ここでは一列で積んだものを紹介します。

1

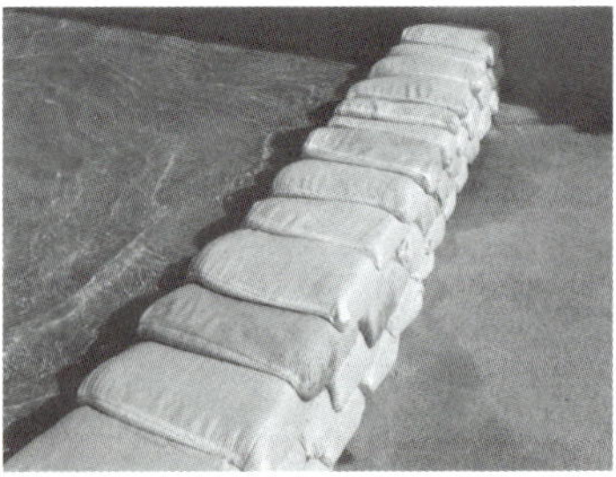

2

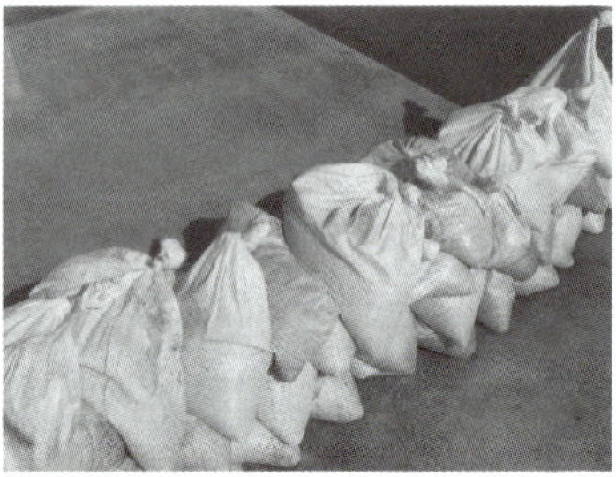

実際に水を流した状況です。しっかり水を防ぐことができました(1)。

急を要し、基本どおりに積めない場合は、とにかく並べて積むことになります。これでもある程度の効果はありますが、隙間から水が漏れてしまいます(2)。

Photo：災害対策課 Twitter

3

4

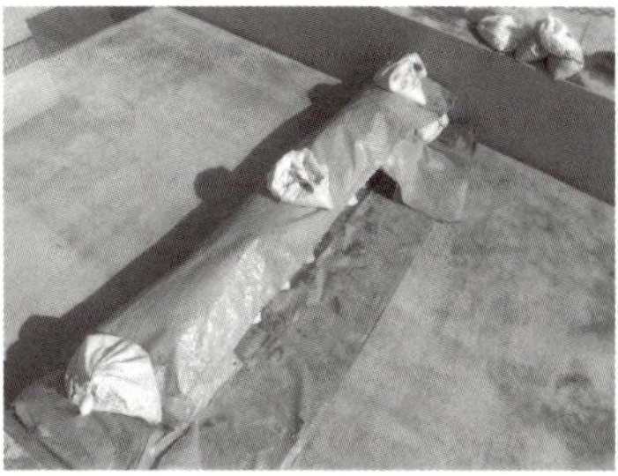

そこでひと工夫！　ブルーシートで土のうを包むと隙間が減り、さらに防水効果が上がります（3、4）。

災害対策課の仕事

2018年7月12日

西日本での豪雨災害に伴い、広域緊急援助隊として派遣中の部隊は、本日も活動を開始。警視庁部隊の主な活動場所は、広島市安芸区です。捜索の行く手を阻むガレキや土砂を重機とマンパワーでかき分けての捜索活動。隊員一人ひとりが自分の第二の故郷と思って、力の限りを尽くしています。

Photo：災害対策課 Twitter
（2018年7月12日）

2018 年7月19日

災害時、SNS でいわゆる「デマ」が拡散されるケースがあります。今回の西日本豪雨では、「被災地にレスキュー隊のような服を着た窃盗団」等の情報が出回ったそうです。警視庁の管内で同様の情報が拡散された際には、本アカウントから「正しい情報」を発信しますので、情報を確認後、リツイートをお願いします！

人気ツイート
第6位

防災ヒント

050

新聞紙で「薪」を作ってみた

ツイート日：2018年4月5日

□（20　年　月　日）　□（20　年　月　日）　□（20　年　月　日）

キャンプ好きの方ならご存じかもしれませんが、薪の代替燃料となる紙薪についてご紹介します。作り方は新聞紙等を水でふやかし、形を整えて乾燥させます。普通の新聞紙なら一瞬で燃え尽きてしまうのですが、紙薪なら木のように安定した火力を得ることができます。一度お試しください。

1

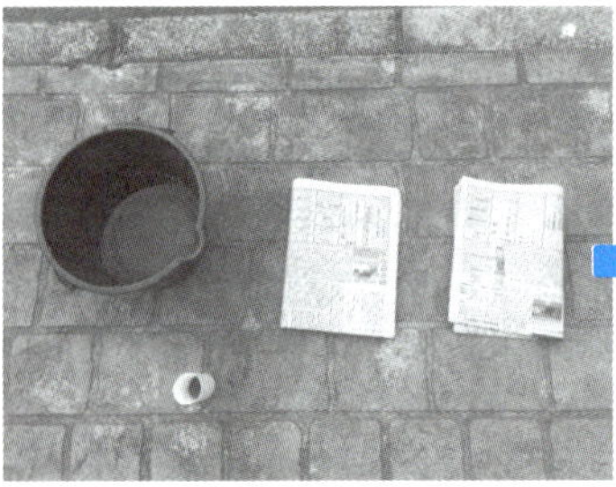

水を入れたバケツと新聞1日分程度を準備します。

2

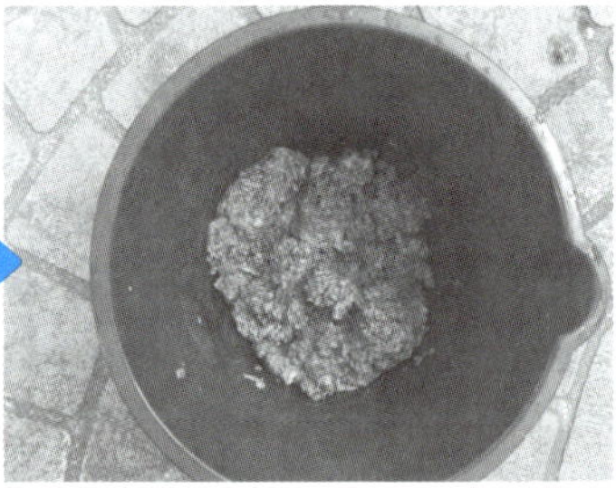

新聞紙を入れ、粉々にします。

※インクで手が汚れるので注意！

3

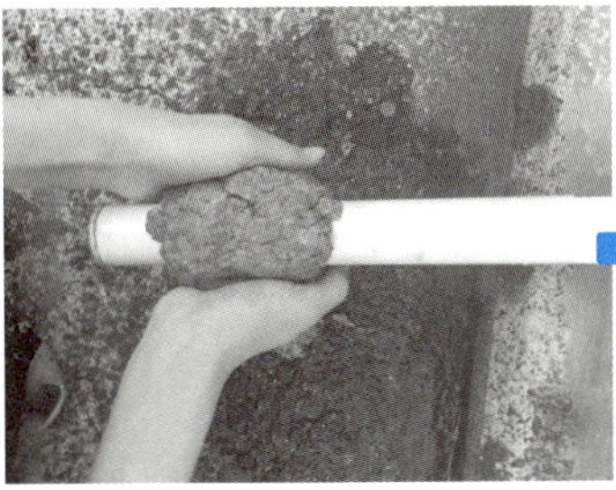

水に溶いた新聞紙を、手で水分を絞りながら、棒状のものに巻きつけて成形します。

4

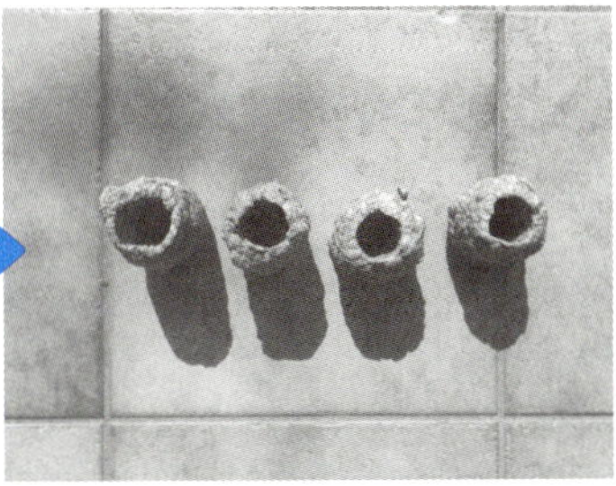

棒から引き抜き、乾燥させます。

5

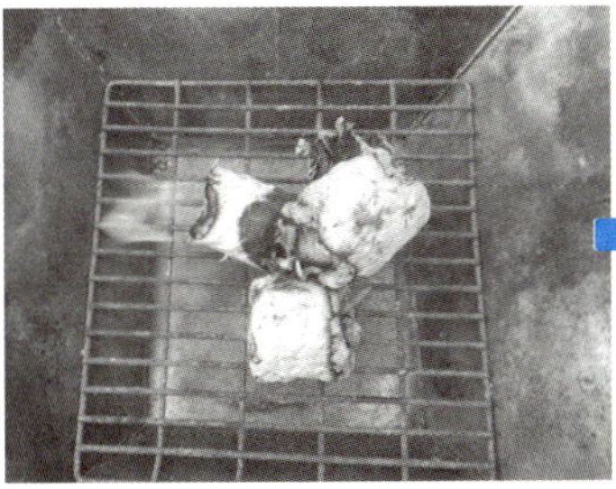

火をつけると、このような感じで燃えます。

6

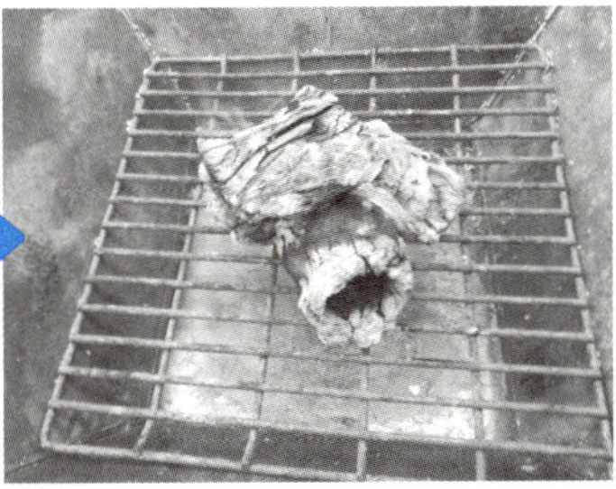

火がつくと、炭のようになります。

※ 火気を取り扱う際は、十分に気をつけてください。

災対に聞いてみた！ 「完成までの時間は？」

新聞紙の量にもよりますが、水に入れて10分程度で完全にふやけます。
乾燥させる時間は、写真で紹介した「ちくわ」型であれば1～2日です。

Photo：災害対策課 Twitter

防災ヒント

051

車用のジャンプスターターの活用術

ツイート日：2018年10月24日

□（20　年　月　日）　□（20　年　月　日）　□（20　年　月　日）

ジャンプスターターをご存じですか？　本来の使用方法では、車両のバッテリーが上がってしまったときにこれだけでエンジンをかけることができます。この装置、LED ライトや USB 端子がついているものが多く、出先でもしものとき、懐中電灯の代わりやスマホ等の充電にも使えます！　備えあれば憂いなしです！

1

USB 端子や LED ライトもついており、いざというときも安心です。

2

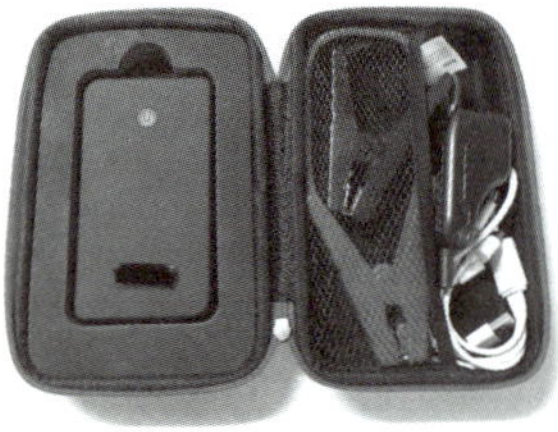

コンパクトに収納できます。

3

LED ライトも十分使える明るさです。

Photo：災害対策課 Twitter

防災ヒント

052

ラップを丸めてスポンジに

ツイート日：2018年8月29日

□（20　年　月　日）　□（20　年　月　日）　□（20　年　月　日）

食品用ラップはスマホの防水に活用できると紹介しましたが（防災ヒント044）、他にも食器にラップを巻いて使えば洗い物が出ず、ラップでおにぎりを握れば衛生的で手も汚れないので、断水時、貴重な水の節約になります。また、ラップを丸めればスポンジの代用にもなります。工夫次第で防災グッズに大変身です。

1

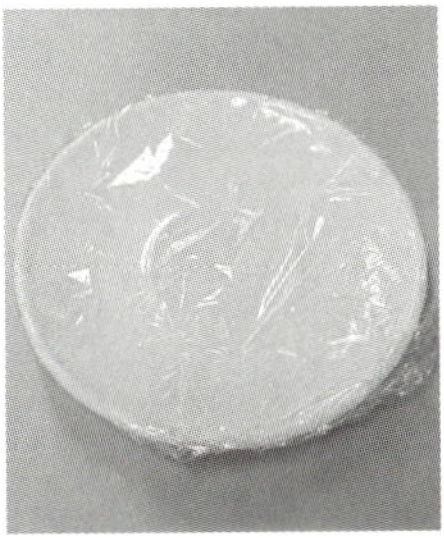

食品用ラップをお皿に巻きました。使用後はラップを捨てるだけで、お皿を洗う必要がなくなります。

2

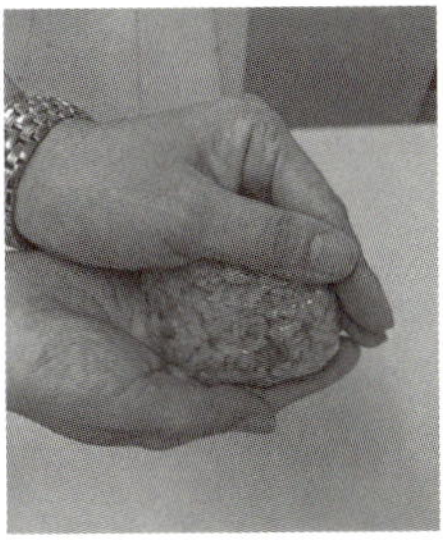

期限切れ間近のアルファ化米で、おにぎりを握ってみました。ラップを使うことで手が汚れず衛生的です。

3

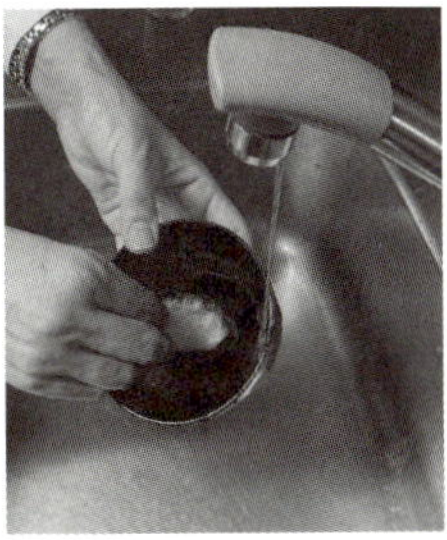

ラップを丸めてスポンジ代わりにすると、少量の水でもきれいになりました。食器洗いだけでなく、掃除にも活用できます。

Photo：災害対策課 Twitter

防災ヒント

053

新聞紙で作る箱

ツイート日:2017年6月7日

□(20　年　月　日)　□(20　年　月　日)　□(20　年　月　日)

読み終わった新聞紙、捨てる前にちょっと活用！　その吸水性を利用した簡易トイレや保温性を持った簡易スリッパの作成は当課のツイッターでも紹介していますね。私も写真のように簡易的な箱として使っています。紙の大きさを変えれば、非常食を入れたり、ゴミ入れにしたり、避難所等でも活用できますよ。

Photo：災害対策課 Twitter

POINT

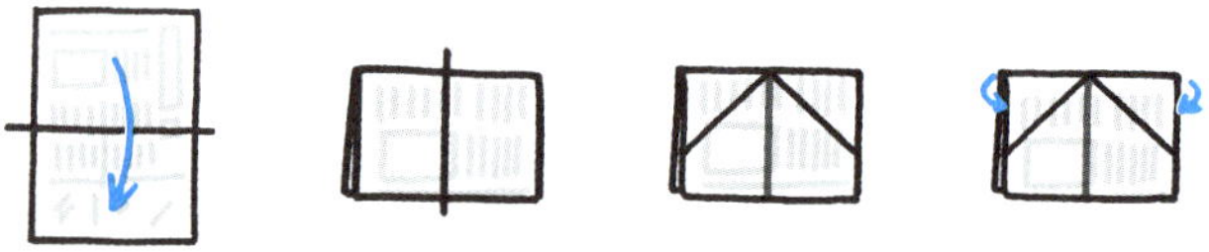

1 新聞紙を2分の1に折ります。

2 真ん中に折り目を入れます。

3 両脇にも図のように折り目を入れます。

4 3の折り目から内側に折り込みます。

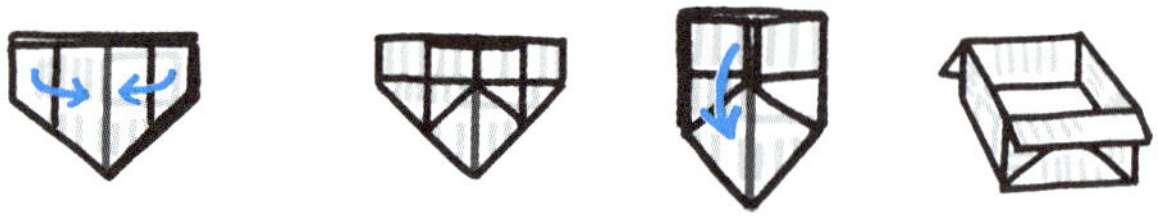

5 三角形の角を下にして、中央に向けて両脇から折っていきます。

6 裏側も同じように折っていきます。

7 耳になる部分を外側へ折ります。

8 完成！

編者作図

防災ヒント

054
手ぬぐいでペットボトルホルダー

ツイート日:2019年3月7日

□(20　年　月　日)　□(20　年　月　日)　□(20　年　月　日)

先日、手ぬぐい1枚で簡単にできるペットボトルのホルダーを作りました。取っ手があるので持ちやすく、リュックのカラビナ等に結着すれば取り出さずに飲むことができます。手が空くので災害時の避難の際も安全ですし、柄次第ではお出かけの際のオシャレのワンポイントにもなってくれそうです。

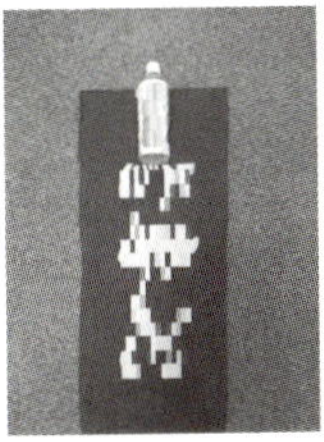

1 手ぬぐいの端を折って、ペットボトルを置きます。

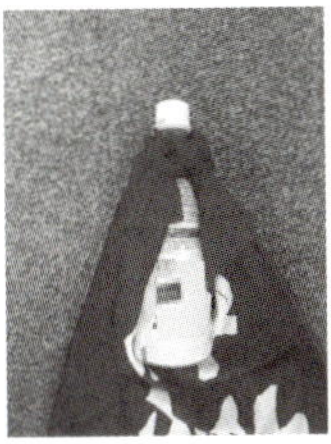

2 手ぬぐいの左右の角でペットボトルの首を結びます。

3 手ぬぐいの余った部分をねじります。

4 ねじった部分を結び目の下に通して結びます。

5 結んで取っ手のようになったら完成です。

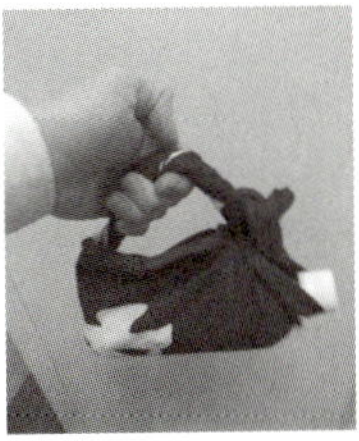

6 取っ手を掴んで持ち上げた様子です。

Photo：災害対策課 Twitter

防災ヒント

055

毛布で作る簡易寝袋

ツイート日：2018年8月23日

□(20　年　月　日)　□(20　年　月　日)　□(20　年　月　日)

災害時にも利用できる簡易寝袋の作り方をご紹介します。準備する物は、毛布とブルーシート、ガムテープです。毛布をブルーシートの上に敷き、四方をガムテープで留め、中央に１人分の空間を取って端の部分を折り曲げれば完成です。保温性にも優れており、簡単にできますので試してみてください。

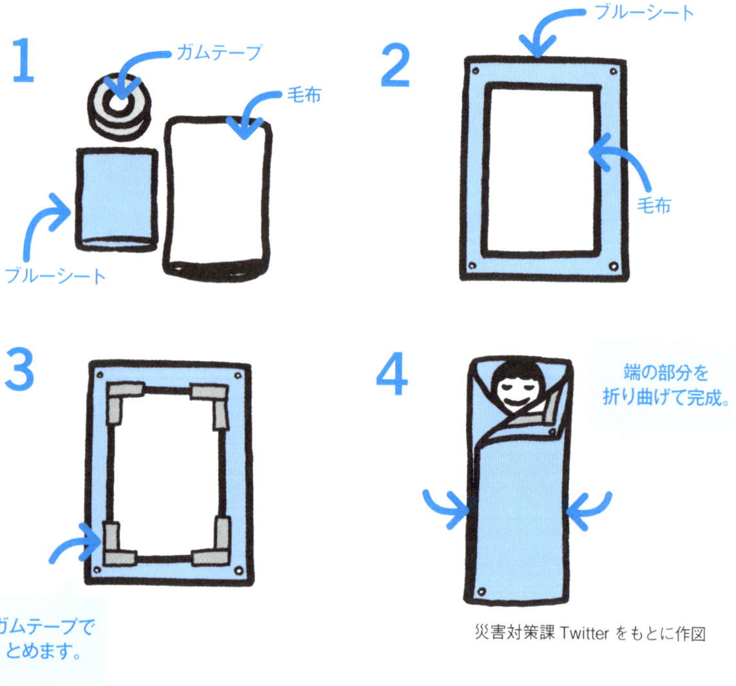

災害対策課 Twitter をもとに作図

防災ヒント

056

毛布１枚でできる簡易担架

ツイート日：2016年6月10日

□(20　年　月　日)　□(20　年　月　日)　□(20　年　月　日)

災害時、毛布は防寒以外にも役立つことをご存じでしょうか？広げた毛布を両端から丸めて４人以上で持てば担架になりますし、たたんで頭にかぶせれば落下物から頭を守ることもできます。皆さんもぜひ試してみてください。

1

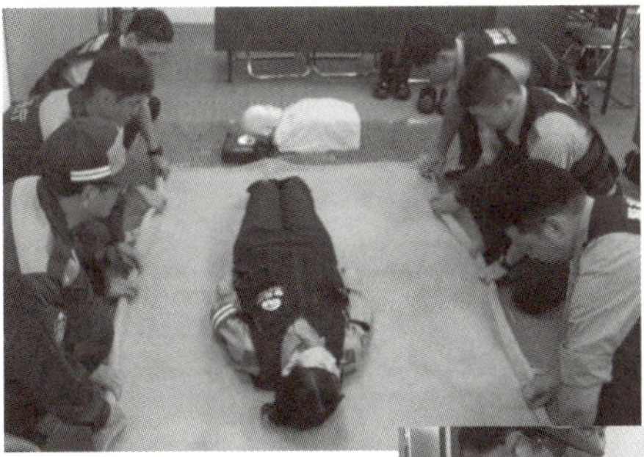

2

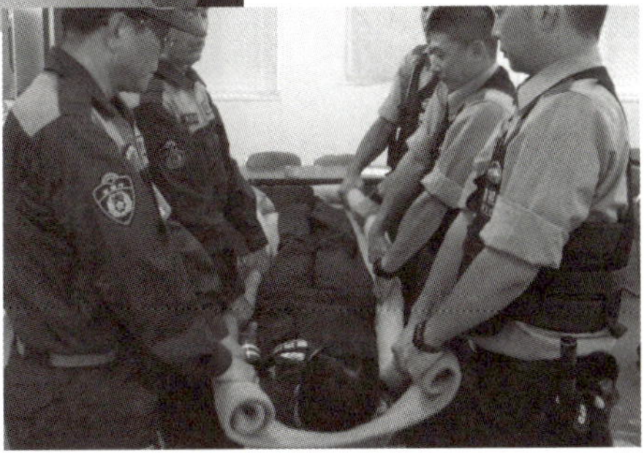

Photo：災害対策課 Twitter

段ボールとポリ袋で貯水タンク

ツイート日：2018年2月27日

□(20　年　月　日)　□(20　年　月　日)　□(20　年　月　日)

身近にある物で災害時に便利なものとして段ボールがあります。今回、段ボールとポリ袋で簡易の貯水タンクを作ってみました。大きめの段ボールとポリ袋があれば、バケツよりも貯水量が多く、台車等に乗せて運搬すれば一度で多くの水を運ぶことができ、労力の軽減にもなります。

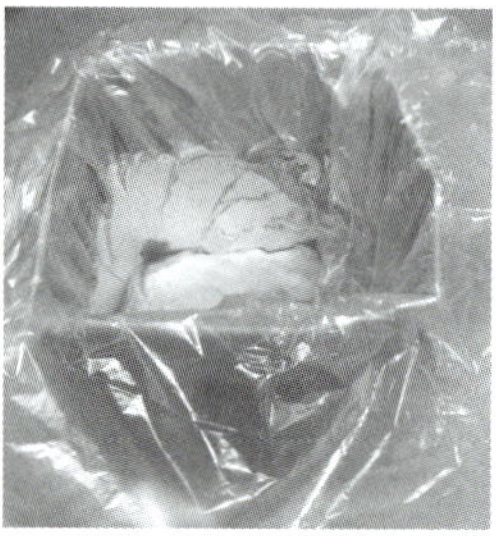

Photo：災害対策課 Twitter

段ボールで簡易トイレ

ツイート日：2016年10月28日

□(20　年　月　日)　□(20　年　月　日)　□(20　年　月　日)

災害時、トイレが使えない場合を想定して、段ボールで簡易トイレを作ってみました。くしゃくしゃにした新聞紙をポリ袋の中に敷き詰め、用を足したら、猫砂をかけて消臭すればＯＫです。一般的な災害用トイレを買うより、安上がりです。なお、トイレットペーパーは多めにストックしておきましょう！

Photo：災害対策課 Twitter

防災ヒント

058

歯ブラシがないときの歯磨き法

ツイート日：2017年11月20日

□(20　年　月　日)　□(20　年　月　日)　□(20　年　月　日)

災害時、断水で歯磨きができないことが想定されます。わが家では、非常用持ち出し袋に市販の歯磨きシートを入れています。試しに使ってみると、歯の表面は簡単に磨くことができ、スッキリとして爽快感もありました。使用するときは、手が直接口の中に触れないようにシートで指を包み込むと衛生的です。

POINT

歯磨きシートはドラッグストアなどで手に入ります。赤ちゃん用の歯磨きシートもあります。

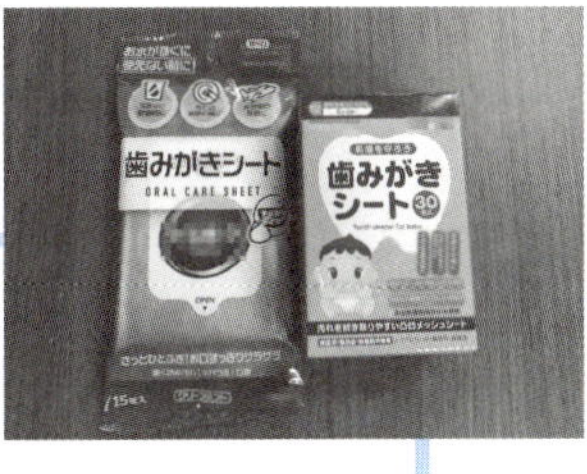

防災ヒント

059

重曹を使って少量の水で洗濯する

ツイート日:2017年12月19日

□(20　年　月　日)　□(20　年　月　日)　□(20　年　月　日)

アウトドアでも活用されているという、少量の水で洗濯できる方法を実際に試してみました。ぬるま湯で溶いた重曹を衣類の入ったビニール袋の中に入れてもみ洗いします。その後、ぬるま湯で再度すすぎ洗いをして終了です。それほど時間をかけず、気になるにおいも消え、簡単に洗濯することができました。

1 チャック付きのビニール袋と少量の重曹を準備します。

2 ぬるま湯で重曹を溶きます。

3 よくもみ洗いした後、再度ぬるま湯ですすぎます。

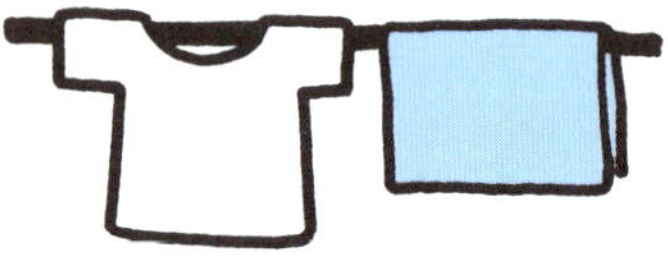

4 最後によく乾かして終了です。

POINT

ぬるま湯はビニール袋からこぼれないくらい入れ、重曹は小さじ1杯程度の少量で大丈夫です。

災害対策課 Twitter をもとにイラスト化

防災ヒント

\ 060 /

バール1本で重量物を持ち上げる

ツイート日：2018年5月25日

□(20　年　月　日)　□(20　年　月　日)　□(20　年　月　日)

皆さん、小学校で習ったテコの原理を覚えていますか？　救助現場でも、このテコの原理を利用し、重量物を持ち上げることがあります。力点から支点までの長さや棒の強度にもよりますが、鉄パイプやバール1本で重量物を持ち上げることができます。災害時の知識としてお役立てください！

1

2

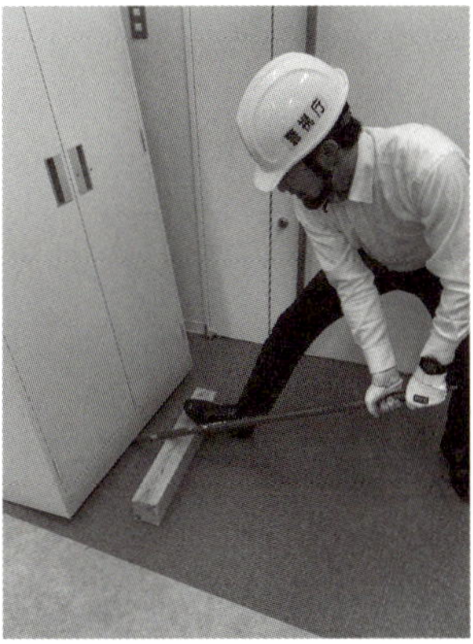

ケガ防止のため、ヘルメットや手袋を必ず装着しましょう！

Photo：災害対策課

人気ツイート
第5位

防災ヒント

061

水でもできるカップ麺

ツイート日：2017年8月22日

□(20　年　月　日)　□(20　年　月　日)　□(20　年　月　日)

災害時を想定して一度やってみようと思っていた「水でカップ麺作り」に挑戦！　麺に味がついたカップ麺を用意し、水を注いで15分。麺は少し固めでしたが、スープもちゃんとしみ出して味もイイ感じ！（驚）　試食した息子たちから「冷やしラーメンみたいでありだよ、あり！」と感想が出ました！

1

2

Photo：災害対策課 Twitter

防災ヒント 062

人気ツイート第3位

水でもできるカップ焼きそば

ツイート日:2018年6月28日

□(20　年　月　日)　□(20　年　月　日)　□(20　年　月　日)

先に水で作るカップ麺をご紹介しましたが、今回は水で作る「カップ焼きそば」に挑戦です！　災害時を想定し、カップに注ぐ水の量は少なめ。麺が隠れる程度です。20分待ち、液体ソースをからめて完成！　注いだ水が少ない分、いわゆる湯きりで流す水の量は少なくてすみました。麺の固さと味はバッチリ！

Photo：災害対策課 Twitter

水でもできる袋麺

ツイート日:2017年10月3日

□(20　年　月　日)　□(20　年　月　日)　□(20　年　月　日)

「水で作る麺」第３弾を紹介します。今回は袋麺を使った冷やしラーメン。食器を使わないで済むように水を袋麺へ直に注いで、そのまま実食！　麺がほぐれる間（約15分間）、袋が倒れないようにペットボトルなどで支える工夫は必要ですが、災害時に食器洗いで貴重な水を使わない方法としてイイですね！

Photo：災害対策課 Twitter

防災ヒント

063

インスタントラーメンをそのまま食べてみた

ツイート日:2018年8月30日

□(20　年　月　日)　□(20　年　月　日)　□(20　年　月　日)

「インスタントラーメンをそのまま食べる」方法を試してみました。水も皿も必要なく、避難所において、おやつとしても非常食としてもすぐ食べることができます。味もいろいろで、自分好みのものを用意できます。なお、調味粉を入れすぎると味が濃くなり、喉が渇きますので注意してください。

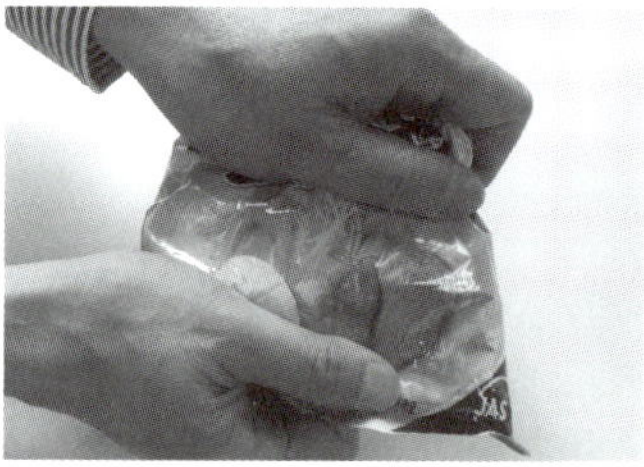

1 袋を開けずに中身を粉々にします。

2 袋を開けて調味粉を入れます。私は1/3入れました。

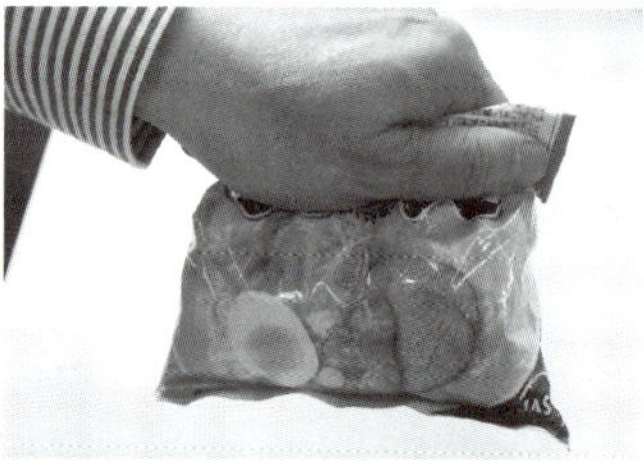

3 口を閉じて袋を振ります。

4 そのまま食べます。

防災ヒント

064

乾パンを使った即席離乳食

ツイート日：2018年7月6日

□(20　年　月　日)　□(20　年　月　日)　□(20　年　月　日)

非常用備蓄食といえば、缶入り乾パンを思い浮かべる方も多いと思います。非常時には缶を器代わりにして牛乳や水を入れ乾パンを浸せば、10分くらいで即席離乳食ができます。柔らかくなるので高齢者の方にもお勧めです。缶の切り口でケガをなさらないように気をつけてお召し上がりください。

Photo：災害対策課 Twitter

アルファ化米をお茶(冷・温)でもどす

ツイート日：2017年11月2日

□(20　年　月　日)　□(20　年　月　日)　□(20　年　月　日)

災害時用に保管していたアルファ化米の賞味期限がまもなく切れるので、お湯・水ではなく「温かいお茶」と「冷たいお茶」で試しに作ってみました。温かいお茶は、ほんのりお茶の味がして心も温まりました。冷たいお茶は、さらっと食べられ夏には最適です！　皆さんのオススメがありましたら教えてください。

防災ヒント

065

アルファ化米に野菜ジュースをプラス

ツイート日:2019年3月8日

□(20　年　月　日)　□(20　年　月　日)　□(20　年　月　日)

避難時、栄養が偏りがちになりますよね。非常食のアルファ化米（白米）に野菜の栄養を補うために、常温の野菜ジュース、トマトジュースを入れて作ってみました。１時間くらいで米の芯もなくなり食べられるようになりました。個人的には、粉チーズを混ぜれば子供もおいしく食べられると思いました。

1 アルファ化米、トマトジュース、野菜ジュースを用意します。

2 常温の野菜ジュースを混ぜたもの。

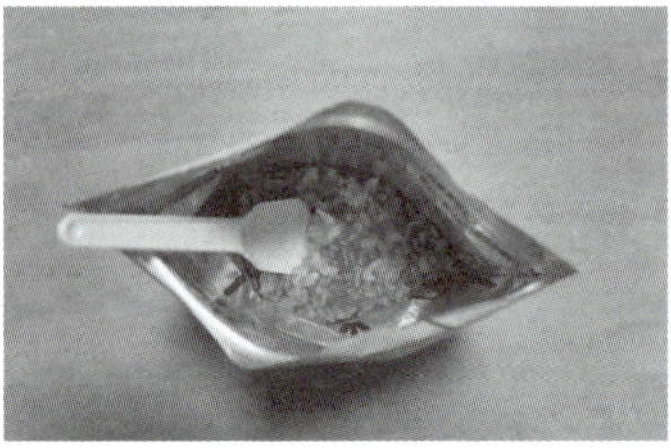

3 常温のトマトジュースを混ぜたもの。

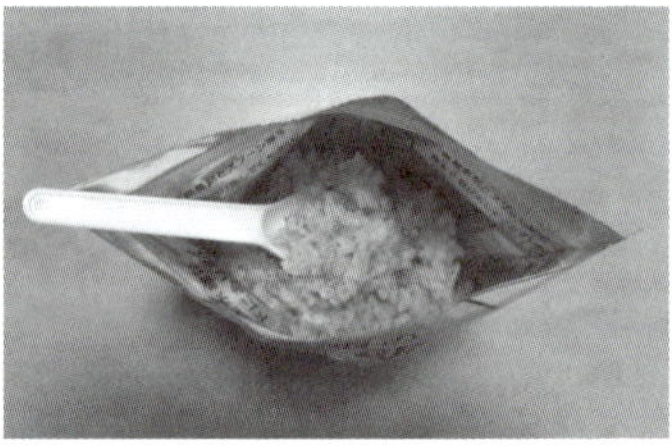

4 １時間くらいで食べられるようになりました。

防災ヒント

066

アルファ化米の付属スプーンを取り出すときは

ツイート日：2018年10月25日

□(20　年　月　日)　□(20　年　月　日)　□(20　年　月　日)

アルファ化米の袋の中には、スプーンや脱酸素剤が同封されていますが、お湯を入れる際には取り出さなければなりません。被災時に汚れた手で米に埋もれた物を取り除くのは困難ですが、アルファ化米の袋を机等の上で「トントン」と叩くと、固形物が浮いてきて取り出しやすくなります。一度お試しください。

1 封を開けると、スプーンや脱酸素剤が埋まっている場合があります。

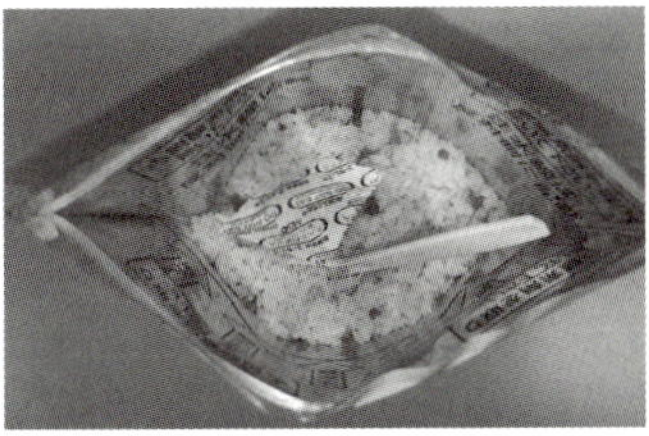

2 机の上等で「トントン」と振動を与えると、中の固形物が浮いてきます。

叩きすぎると中身がこぼれるので注意！

3 中身に触れることなく取り出すことができました。

Photo：災害対策課 Twitter

column2-① 古くなった備蓄品の活用術

ツイート日:2017年8月23日

期限の切れた保存水の利用法

□(20　年　月　日)　□(20　年　月　日)　□(20　年　月　日)

期限の切れた保存水、慌てて処分するのはちょっと待って！　飲料水としてはダメでも生活用水として十分使えます。2017年に何度も発生した土砂災害では片付けの後、泥のついた手を洗う水の確保にも苦労したと聞きます。重くてかさばるのが難点ですが、ラベルをはがして備蓄すれば、期限切れの目印になります。

ツイート日:2018年4月19日

使い捨てカイロは脱臭剤に

□(20　年　月　日)　□(20　年　月　日)　□(20　年　月　日)

非常用持ち出し袋に古い使い捨てカイロは入っていませんか？　「下駄箱や靴に入れて脱臭剤の代用に」「タンスの引き出しに入れて乾燥剤の代用に」などの活用方法があるそうです。活性炭の量が少ないため効果は薄いようですが、捨てるにはもったいないのでぜひ試してみては？　手軽なリサイクルにもなりますよ。

第3章

もしもに備えて今できること

災害で万が一、電気・ガス・水道などのライフラインが
ストップしても対応できるよう、
食品・飲料水や生活用品などの備えは大丈夫でしょうか。
最近は番号を押して電話をかけることが少ないので
携帯電話のバッテリーが切れたとき、
家族や親戚の電話番号がわからないこともよくあります。
また、枕もとに靴があると足のケガを防げますし、
避難行動も安全になります。
もしもに備えて、今できることはいろいろあるのです。

防災ヒント

067

必要な電話番号は紙に書いておく

ツイート日:2018年5月14日

□(20　年　月　日)　□(20　年　月　日)　□(20　年　月　日)

家族の電話番号や会社の電話番号をスラッと言えますか？　災害はいつ起こるかわかりません。携帯電話を所持していなかったり、バッテリーが切れた際に公衆電話を使用することがあるかも。そのときのために、電話番号を手帳などに控えて持ち歩いておくと安心です。ただし紛失には十分ご注意を！

POINT

リストにしておくと安心な電話番号

- 家族(自宅・携帯／会社・学校)
- 親戚(自宅・携帯／会社・学校)
- 役所
- 公共機関(電気／ガス／水道……)
- かかりつけの病院
- 友人(自宅・携帯／会社・学校)

リストは編者作成

防災ヒント

068

蓄光テープを貼って簡単防災

ツイート日:2018年3月1日

□(20　年　月　日)　□(20　年　月　日)　□(20　年　月　日)

先日、自宅でブレーカーが落ちたとき、妻が「懐中電灯の場所がわからない」と慌てていました。そこで、蓄光テープを懐中電灯やドアノブ、非常用持ち出し袋がある場所等に貼りました。思っていた以上に暗闇の中で光るので、安心したみたいです。簡単にできる防災ですので、ぜひやってみてください。

通常時

消灯時

Photo：災害対策課 Twitter

POINT

蓄光テープは百円均一ショップなどで手に入ります。丸形のシートタイプもあります。

防災ヒント

069

1週間分の備蓄を「見える化」する

ツイート日：2018年7月2日

□(20　年　月　日)　□(20　年　月　日)　□(20　年　月　日)

私は特殊救助隊で勤務していた経験から、災害に備えて食品や生活用品を1週間分備蓄しています。備蓄で重要なことは、品もそうですが何が入っているかすぐわかることです。透明ケースに入れ区分けをしていれば簡単にわかります。家族で定期的に必要なものを話し合い、内容を変えてみてはいかがでしょうか。

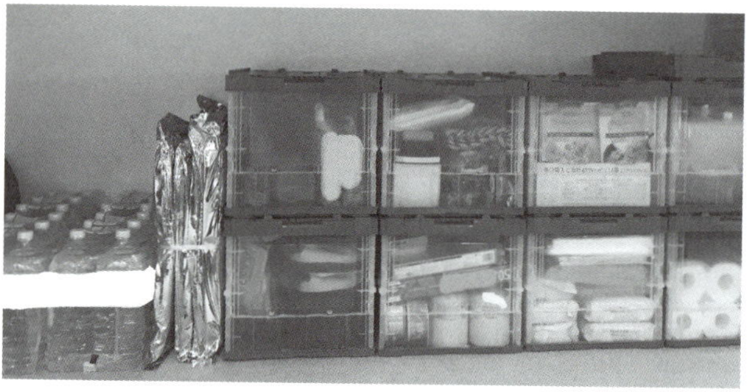

Photo：災害対策課 Twitter

災対に聞いてみた！　「具体的には？」

家族構成の変化、子供の成長、好みの変化などにより、時間の経過とともに必要な物は変わります。もしものときに困らないように家族で必要な物を考え、定期的に内容を見直していくことが大切です（紙オムツや離乳食の必要の有無等）。

また、水は大人1人1日3リットルが目安とされており、1週間分であれば約20リットル以上が必要となる計算です。大規模な災害の後は流通が止まり、必要な物が入手できないこともあり得ますので、水だけでなく1日3食分の食料、生活用品や衛生用品なども用意しておきたいものです。

子供用の備蓄ボックスを作っておく

ツイート日:2018年11月9日

□(20　年　月　日)　□(20　年　月　日)　□(20　年　月　日)

わが家には0歳の娘がいます。そこでベビーフード・赤ちゃん用麦茶・オムツを入れた娘専用の「備蓄ボックス」を作って、災害に備えています。備蓄数もわかりやすく、いざというときの持ち運びにも便利です。気分的にも安心できると思います。小さな子供がいる方は、作ってみてはいかがでしょうか。

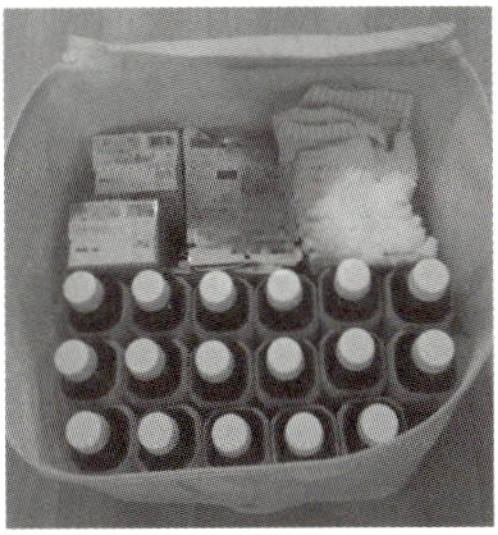

Photo：災害対策課 Twitter

「独自の防災点検日」を設ける

ツイート日:2018年3月7日

□(20　年　月　日)　□(20　年　月　日)　□(20　年　月　日)

わが家では11月7日に長男が生まれたことから毎月7日を「防災点検日」とし、家具の転倒防止に漏れがないかなどをチェックしています。皆さんもお子さんの誕生日やご家族の記念日を「独自の防災点検日」に設定し、定期的にご自宅等の災害対策について見直してみませんか。

防災ヒント

071

愛犬には犬鑑札を

ツイート日：2018年5月1日

□(20　年　月　日)　□(20　年　月　日)　□(20　年　月　日)

犬を飼っている皆さん、愛犬に犬鑑札や迷子札をつけていますか？　過去の震災では、犬鑑札や迷子札をつけていないため、飼い主が見つからなかった例がたくさんあったそうです。災害時には、犬とはぐれることがあるかもしれません。犬鑑札の装着は義務づけられてもいますので必ずつけましょう。

鑑札には登録番号が記載。
飼い犬が迷子になっても、
その鑑札から飼い主の元に
戻せる仕組みです。

POINT

生後91日以上の犬には、飼い主が市区町村に登録手続きをする義務があり、登録すると犬鑑札が交付されます。

Photo：災害対策課 Twitter

防災ヒント

072

ペットの同行避難と同伴避難はどう違う？

ツイート日：2018年8月31日

□(20　年　月　日)　□(20　年　月　日)　□(20　年　月　日)

災害時のペットの「同行避難」と「同伴避難」の違いをご存じでしょうか。飼い主とペットが避難所まで同行し避難するのが「同行」避難。避難後も一緒の空間で過ごす避難が「同伴」避難です。避難所のペットの受け入れ態勢は各自治体によって違うので、事前に確認しておくことをお勧めします。

避難所には、ペットが苦手な方や動物アレルギーの方も避難しています。

私は犬を飼っているので、なるべくまわりに迷惑をかけないように、吠え癖の防止やキャリーで落ち着いて過ごせるための訓練をさせています。

Photo：災害対策課 Twitter

POINT

同行避難の場合、避難所ではペットと人は別の場所での生活となり、ペットはケージ等での生活となります。

防災ヒント

073

ペットのプロフィールカードを作っておく

ツイート日：2019年3月5日

□(20　年　月　日)　□(20　年　月　日)　□(20　年　月　日)

災害時にペットとはぐれたときを考えて、ペットのプロフィールを記載したカードを作りました。ペットの写真やかかりつけの病院などの情報を載せておくことで、ペットを探すときや自分がケガなどでペットを保護できず、誰かに預けるときに役立ちます。飼い主の皆さん、カードの作成をお勧めします。

記載例(参考に作成した用紙も載せておきます)

飼い主					
住所	東京都千代田区霞が関XX-XX				
電話	00-1234-XXXX				
名前	警察 太郎		携帯	090-1234-YYYY	
名前	警察 花子		携帯	090-5678-ZZZZ	
緊急連絡先（実家）					
住所	東京都千代田区霞が関YY-YY				
電話	00-4321-XXXX				
名前	警察 父夫		携帯	090-4321-YYYY	
名前	警察 母子		携帯	090-8765-ZZZZ	
かかりつけの病院					
住所	東京都千代田区霞が関ZZ-ZZ				
名前	柴犬動物病院		電話	00-1234-XXXX	
ペットの情報					
名前	ハル	種別	柴犬	性別	メス（不妊手術済）
体重	8kg	誕生日	20××.1.1（×歳）		
登録番号	××××××××	マイクロチップ番号	△△△△△△△△		
外見・特徴	全体的に茶毛。 鼻やおでこに、少し黒毛が混じっている（ゴマ色）				
狂犬病予防接種歴	2017/12/9	フィラリア予防投薬歴	2017/5/13		
ワクチン接種歴	2017/10/6 2017/11/10 2017/11/19	備考 常備薬等			

写真

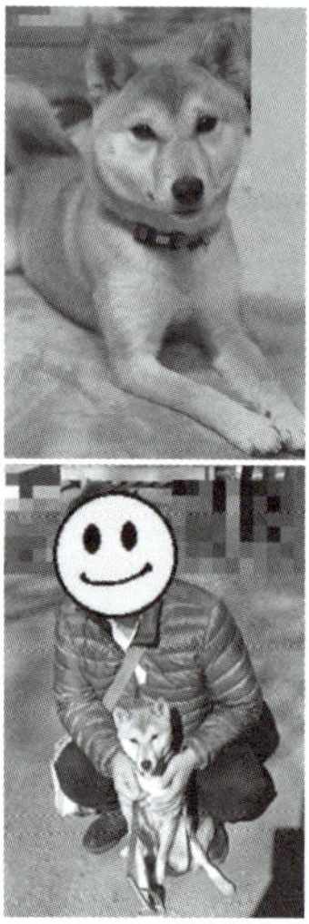

Photo：災害対策課 Twitter

プロフィールカード例

飼い主						写真
住所						
電話						
名前		携帯				
名前		携帯				
緊急連絡先（実家）						
住所						
電話						
名前		携帯				
名前		携帯				
かかりつけの病院						
住所						
名前		電話				
ペットの情報						
名前		種別		性別		
体重		誕生日				
登録番号		マイクロチップ番号				
外見・特徴						
狂犬病予防 接種歴		フィラリア 予防投薬歴				
ワクチン 接種歴		備考 常備薬等				

写真はペットの全身や飼い主と一緒に写ったものがお勧めです。

防災ヒント

074

本棚の見直し。辞書やアルバムは下段、小説は上段に

ツイート日：2018年10月5日

□(20　年　月　日)　□(20　年　月　日)　□(20　年　月　日)

地震に備え、本棚を整理してみてはいかがでしょうか。辞書やアルバム等の重いものは下段に、小説等の軽いものは上段に収納するだけで地震に強い収納方法になります。さらにストッパー式の転倒防止グッズ等を併用すれば、より転倒防止効果が期待できます。防災対策の参考としてください。

枕元に靴を用意する

ツイート日：2018年8月13日

□(20　年　月　日)　□(20　年　月　日)　□(20　年　月　日)

1995年の阪神・淡路大震災の直後、真っ暗な室内で母親が割れたビンを踏み、足の裏をケガしました。足のケガの有無は、その後の避難行動を大きく左右するもの。枕元近くに靴を用意しておくのがベストです。

防災ヒント

\ 075 /

お薬手帳は貴重品や保険証と一緒に保管

ツイート日:2017年11月9日

□(20　年　月　日)　□(20　年　月　日)　□(20　年　月　日)

「お薬手帳」をご存じですか。普段飲んでいる薬の種類や飲み合わせ等の大切な情報が記載された、命を守る手帳です。避難先で誤りなく、スムーズに治療や投薬を受けるためにも貴重品や保険証と一緒に保管しておきましょう。ツイッターとあまり縁がない、おじいちゃんやおばあちゃんにも、ぜひ伝えてください。

Photo：災害対策課 Twitter

笛は身近な物につける

ツイート日:2016年3月14日

□(20　年　月　日)　□(20　年　月　日)　□(20　年　月　日)

万が一、地震で閉じ込められてしまった場合、助けを呼ぶのに笛が役に立ちます。娘へのホワイトデーのお返しにと、百円均一ショップで買った笛を可愛くデコレーションしてプレゼントしました。笛はすぐに吹けるように、身近な物につけておきましょう。

Photo：災害対策課 Twitter

防災ヒント

076

車のトランクは簡易倉庫になる

ツイート日:2018年1月9日

□(20　年　月　日)　□(20　年　月　日)　□(20　年　月　日)

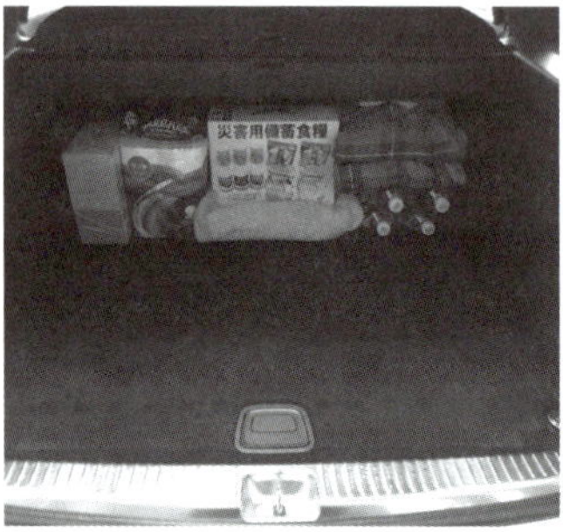

Photo：災害対策課 twitter

2016年の熊本地震で問題となった車中泊。考えを変えて、車を簡易倉庫として利用してみませんか？　トランク等の空きスペースを活用し、非常食や水、ブランケット、ティッシュペーパー等を積んでおけば、いざというときに役に立つかもしれません。もちろん自宅での備えも忘れずに。

車に毛布を積んでおく

ツイート日:2018年2月15日

□(20　年　月　日)　□(20　年　月　日)　□(20　年　月　日)

「大雪で車両が動かなくなったときに備えて毛布を積んでおきましょう」という報道がされていますが、その毛布、災害時や事故時の負傷者の保温にもひと役買います。負傷者と地面の間に敷くことで体温の低下を防ぎ、体力の消耗を抑えます。雪対策も兼ねて車に積んでみてはいかがでしょうか。

column2-② 古くなった備蓄品の活用術

ツイート日:2018年10月4日

乾パン・クッキング①お菓子

□(20　年　月　日)　□(20　年　月　日)　□(20　年　月　日)

備蓄品の買い替えをした際、古くなった乾パンを活用しお菓子作りをしました。他にマシュマロとドライフルーツを準備。マシュマロをレンジでチン（30秒くらい）して溶かしたら、砕いた乾パンとドライフルーツを混ぜて、形を整え冷蔵庫で冷やすだけ。少しベとつきましたが子供たちも大喜びの味でした！

1　2

Photo：災害対策課 Twitter

ツイート日:2018年5月23日

乾パン・クッキング②おしるこ

□(20　年　月　日)　□(20　年　月　日)　□(20　年　月　日)

備蓄していたあずき缶を買い替えるタイミングで、期限切れ近い乾パンとおしるこを作ってみました！ 作るといっても、お鍋にあずきと水を入れ、少し煮立ったら乾パンを投入！グツグツ煮込んで15分。乾パンはやわらかくなったもの、芯が堅いままのもの、いろいろでした。個人的には「いいね！」な味でした！

1　2

Photo：災害対策課 Twitter

ツイート日:2016年9月13日

乾パン・クッキング③簡単グラタン

□(20　年　月　日)　□(20　年　月　日)　□(20　年　月　日)

「防災の日」に備蓄用の乾パンを買い替えた際、古くなった乾パンでグラタンを作りました。牛乳にひたした乾パンにクリームシチューをかけ、チーズをのせて焼きましたが、牛乳の染み込みが足りなかったのか、ザクザク感たっぷりのグラタンでした(笑)。

Photo：災害対策課 Twitter

ツイート日:2018年8月21日

乾パン・クッキング④お好み焼き

□(20　年　月　日)　□(20　年　月　日)　□(20　年　月　日)

期限切れ間近の乾パンを使った料理をご紹介！　今回は「お好み焼き」。乾パンを粗めに砕き、小麦粉、キャベツと混ぜて焼くだけ。息子たちから「乾パンがモチモチしていておいしい！」と感想が。乾パンのサクサクが残ると思いましたが、生地を作る際に入れた水を吸って絶妙な食感になったようです！(驚)

Photo：災害対策課 Twitter

第4章

もしもに備えて練習しよう

通学路を子供と一緒に歩いてみると、
途中の危険箇所や避難場所の公園を
確認することができます。
また、職場から自宅まで歩くことで、
帰宅難民になったときの対応方法を検討できます。
いざというときに、
消火器の使い方がわからなくて困るかもしれません。
もしもに備えて、
試しておいたほうがよいこともいろいろあります。

防災ヒント

077

ほどけない靴ひもの結び方

ツイート日:2019年 3月25日

□(20　年　月　日)　□(20　年　月　日)　□(20　年　月　日)

きつく結んだ靴ひもが、いつのまにかほどけてしまった。そんな経験はありませんか。対策として、いつもの蝶々結びにひと工夫！　最後にギュッと結ぶ前に、もう１度くぐらせるだけ。簡単で効果は絶大です。災害時、運動靴等で長距離を移動するときはもちろん、いつもの靴でもお試しください。

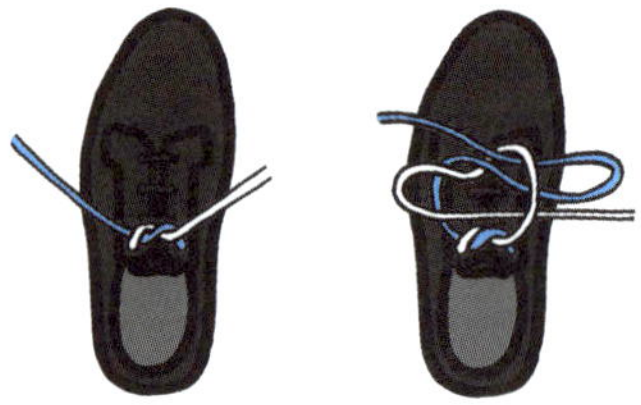

1 通常どおりに蝶々を作ります。

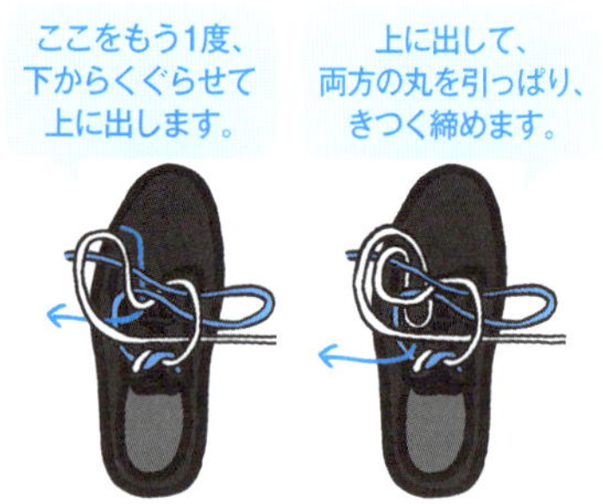
ここをもう1度、
下からくぐらせて
上に出します。
上に出して、
両方の丸を引っぱり、
きつく締めます。

2 蝶々の部分を締める前に、蝶々の一方の丸の部分を、もう一度下のスペースにくぐらせます。

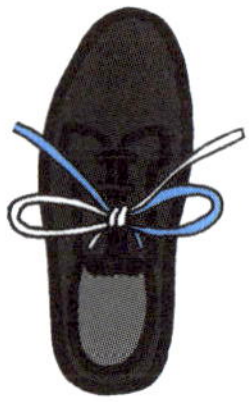

3 最後に全体をきつく締めて完成です。

災害対策課 Twitter をもとにイラスト化

防災ヒント

078

疲れにくい靴ひもの結び方

ツイート日:2017年10月17日

□(20　年　月　日)　□(20　年　月　日)　□(20　年　月　日)

地震、事故、停電などで交通機関がマヒし、長距離を徒歩で移動する際、できるだけ足に負担がかからない方法をネットで調べたら、疲れにくい靴ひもの結び方なるものを見つけました。革靴やスニーカーにも合う「パラレル」という結び方。足への負荷が分散されるそうです。ぜひ試してみようと思います。

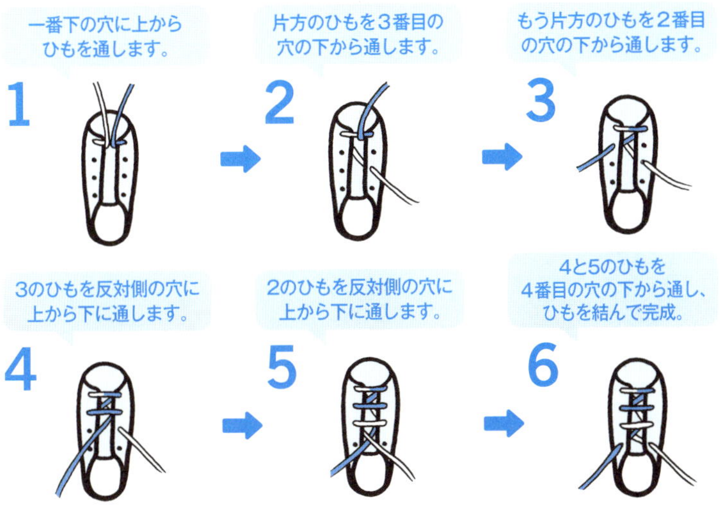

一番下の穴に上からひもを通します。
1
片方のひもを3番目の穴の下から通します。
2
もう片方のひもを2番目の穴の下から通します。
3
3のひもを反対側の穴に上から下に通します。
4
2のひもを反対側の穴に上から下に通します。
5
4と5のひもを4番目の穴の下から通し、ひもを結んで完成。
6

災害対策課 Twitter をもとにイラスト化

災対に聞いてみた！　「効果は？」

個人差はあると思いますが、実際に試した人の感想では、この「パラレル」を試してみたところ、同じ靴であっても、より柔らかく、また動きやすくなったとのことです。

防災ヒント

079

新聞紙で生ゴミのニオイ防止

ツイート日:2019年1月30日

□(20　年　月　日)　□(20　年　月　日)　□(20　年　月　日)

生ゴミのニオイ防止方法を試してみました。生ゴミを新聞紙で包み水分を吸収させ、ポリ袋に入れるだけです。これで実際にニオイが激減し、見た目も不快感がなくなりました。災害時はゴミ収集が止まる可能性があり、生ゴミが問題になることが考えられます。ぜひ一度、お試しください。

1　　2

1　新聞紙を用意し、生ゴミの水分を新聞紙に吸収させます。

2　生ゴミを包んだ新聞紙をポリ袋に入れ、しっかり密閉してからゴミ箱に捨てましょう。

POINT

新聞紙は災害時のお役立ちグッズです。いざというときに備えてストックしておくと便利でしょう。

災害対策課 Twitter をもとにイラスト化

防災ヒント

080

お酢で生ゴミのニオイ防止

ツイート日:2019年5月31日

□(20　年　月　日)　□(20　年　月　日)　□(20　年　月　日)

被災時の生活では生ゴミのニオイは悩みの種です。先日、酢を使って生ゴミのニオイを抑える方法を試してみました。ゴミ袋の中に、キッチンペーパーを敷き、水で薄めた酢を染み込ませると、酢で生ゴミのニオイを中和させることができます。暑い時期、刺激的なゴミのニオイに使える小技かもしれません。

1

お酢を水で薄めます(今回はお酢と水の比率は1対1、大さじ3杯ぐらいで作りました)。

2

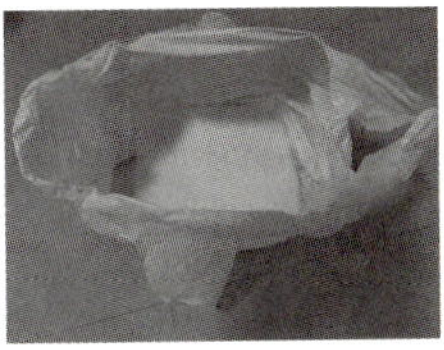

ポリ袋にキッチンペーパーを2枚ぐらい敷きます。

3

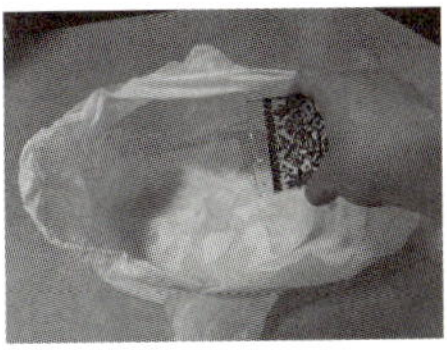

キッチンペーパーの上に1で作ったものを振りかけ染み込ませます。

Photo：災害対策課 Twitter

公衆電話の使い方、知っていますか？

ツイート日:2018年3月26日

□(20　年　月　日)　□(20　年　月　日)　□(20　年　月　日)

公衆電話は、災害時の有効な連絡手段の1つです。小1の息子にその話をすると「公衆電話？　僕、使い方知らないよ」。私はハッとして、すぐに息子と使い方を練習しました。スマホの操作はできても、公衆電話の使い方を知らないお子様も多いのでは？　お子様と公衆電話の使い方を確認しておくと安心です。

公衆電話を探しておこう

ツイート日:2017年8月29日

□(20　年　月　日)　□(20　年　月　日)　□(20　年　月　日)

最近、公衆電話を使わなくなりましたね。でも、災害時につながりやすく、停電時でも使える優れた通信手段。その存在を忘れがちですが、自宅近くや通勤通学経路で「そういえば、あそこにあったはず」と思ったら、確認しておくといいですね。なお、停電時にはテレカは使えず硬貨での使用となります。

災害時、公衆電話は有効な連絡手段です。

POINT

アナログ公衆電話

通常時

❶ 受話器を上げると受話口から発信音（ツー）が聞こえます。
❷ 硬貨かテレホンカードを入れます。
❸ ダイヤルします。

停電時は、
テレホンカードは
使えない！

災害等発生に伴う無料化実施時

❶ 受話器を上げると受話口から発信音（ツー）が聞こえます。
❷ そのままダイヤルします。

デジタル公衆電話

通常時

❶ 受話器を上げます。
❷ 硬貨かテレホンカードを入れると受話口から発信音（ツー）が聞こえます。
❸ ダイヤルします。

停電時は、
テレホンカードは
使えない！

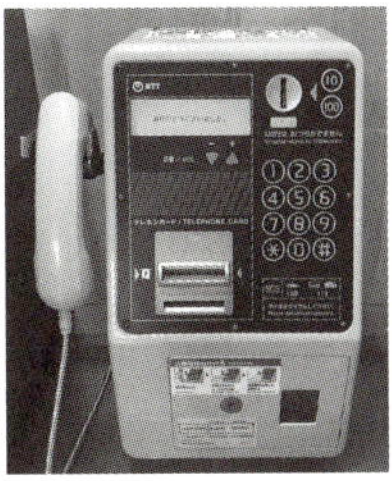

災害等発生に伴う無料化実施時

❶ 受話器を上げます。
❷ 硬貨かテレホンカードを入れると受話口から発信音（ツー）が聞こえます。
❸ ダイヤルします（通話終了後、硬貨またはカードはそのまま戻ります）。

NTT 東日本のサイトを参考に編者作成

防災ヒント

082 災害用伝言ダイヤルを使ってみよう

ツイート日：2018年2月6日

□（20　年　月　日）　□（20　年　月　日）　□（20　年　月　日）

災害用伝言ダイヤルを利用したことはありますか？　2018年1月に公表された内閣府の世論調査では、大地震の際、家族の安否を心配する人が多数を占めました。一度は家族で体験して、いざというときのために使いこなせるようにしましょう。なお毎月1日・15日や防災週間等に体験できます。番号は「171」。

POINT

災害用伝言ダイヤルの使い方

伝言を録音する場合

↓ 「171」にダイヤルする
↓ 「1」を押す
↓ 被災地の方は自宅の電話番号を入力、被災地以外の方は、連絡をとりたい被災地の方の電話番号を市外局番から入力
↓ 「1」を押す
↓ 録音する（30秒）
↓ 「9」を押す（終了）

伝言を再生する場合

↓ 「171」にダイヤルする
↓ 「2」を押す
↓ 被災地の方は自宅の電話番号を入力、被災地以外の方は、連絡をとりたい被災地の方の電話番号を市外局番から入力
↓ 「1」を押す
↓ 「再生」が始まる

各携帯電話会社が「災害用伝言板」のサービスを提供しています。自分が契約している会社の利用方法を確認しておきましょう。

電話会社のサイトを参考に編者作成

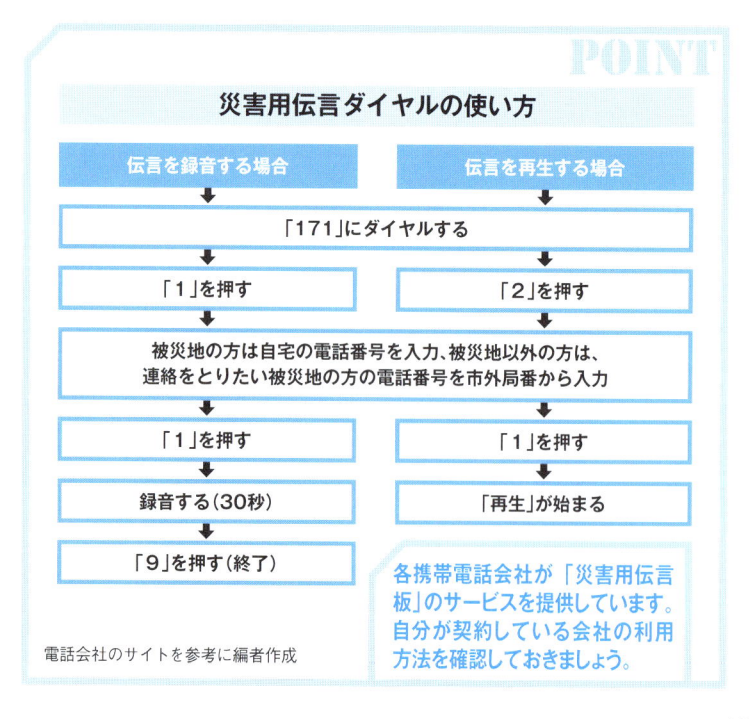

防災ヒント

083

災害時に無料で使用できる特設公衆電話

ツイート日:2018年10月30日

□(20　年　月　日)　□(20　年　月　日)　□(20　年　月　日)

特設公衆電話の存在はご存じですか？　普段は使用できませんが、災害の発生時に施設管理者によって設置され無料で使用できます。携帯電話が使えない非常時に、通信手段の確保のためにも事前に自宅や職場近くの設置場所を把握しておくことが重要です。「特設公衆電話」で検索すると簡単に見つかります。

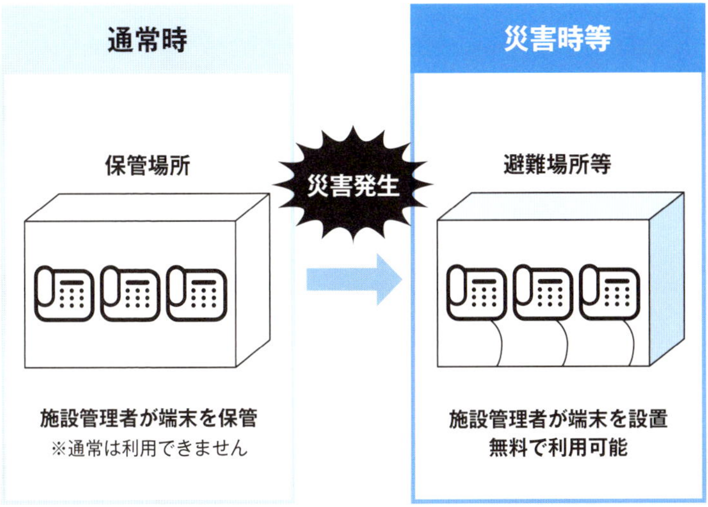

災害対策課 Twitter の図をもとに編者作図

防災ヒント

084

和式トイレを使ってみよう

ツイート日:2018年6月26日

□(20　　年　月　日)　□(20　　年　月　日)　□(20　　年　月　日)

皆さんのお子様は和式トイレを使用したことがありますか。最近は洋式トイレが多いので和式トイレが苦手なお子様もいるかもしれません。普段から和式トイレや公園等にある仮設トイレを親子で利用しておくと、被災したとき避難所でも安心して使うことができると思います。もしもに備えた練習をしてみましょう。

POINT

1

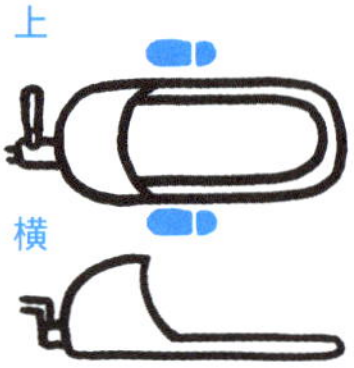

和式トイレを上と横から見た図。
少し前に立つと失敗しません。

2

前を向き便器をまたいで立ち、
ズボンとパンツを膝まで下げます。

3

両膝はつけずに
しっかりしゃがみます。

4

おしりを拭いてから
水を流します。

編者作図

防災ヒント

085

炊き出しに活用できる「かまどベンチ」

ツイート日：2018年11月6日

□（20　年　月　日）　□（20　年　月　日）　□（20　年　月　日）

「かまどベンチ」と聞いて何を想像しますか？　普段はベンチとして使用し、災害時には炊き出し等に活用できるベンチのことです。都内には、避難場所としての機能を備えた防災公園が53カ所整備されています。万が一の避難生活に備え、近所の公園の設備を一度確認してはいかがでしょうか？

※数字はツイート日現在のものです。

災対に聞いてみた！「もっと教えて！」

ここで紹介したかまどベンチは、ツイートを担当した課員が自宅近くの公園に設置してあるものを撮影しました。その自治会では、年に1回、かまどベンチを使った実際の炊き出し訓練を行っており、豚汁などを作っているそうです。

Photo：災害対策課 Twitter

POINT

防災公園は各自治体が整備しています。いろいろな種類の防災公園があり、さまざまな役割を担っています。

通学路を歩いてみよう

ツイート日:2018年10月2日

□(20　年　月　日)　□(20　年　月　日)　□(20　年　月　日)

3連休に子供と一緒に、歩きながら通学路の防災点検を行いました。避難場所になっている公園や、はぐれた場合の集合場所などを親子で確認できたほか、高い位置の古い看板やブロック塀などの危険箇所も発見することができました。「通学路の点検」、これも大切な防災対策の1つです。

職場から保育園まで歩いてみよう

ツイート日:2018年6月7日

□(20　年　月　日)　□(20　年　月　日)　□(20　年　月　日)

先日、災害時に子供を迎えに行くことを考え、職場から保育園まで実際に歩いてみました。歩車道の区別のない道や中央分離帯で横断できないなど、地図で見ただけでは気づかないことばかり！目的地に着いてホッとひと息つきましたが、実際に歩いてみて一番気づかされたのは日頃の運動不足かもしれません。

防災ヒント

087

最寄りの避難所を確認しておこう

ツイート日:2018年5月10日

□(20　年　月　日)　□(20　年　月　日)　□(20　年　月　日)

最寄りの避難場所・避難所をご存じですか？　避難場所は地震による火災等の危機から命を守るための公園等のオープンスペースで、都内23区に約200カ所が指定されています。避難所は家屋を失った人の一時的な生活の場となる学校等の建物で、都内約3000カ所が指定され食料等の備蓄があります。下のマークが目印です。

※数字はツイート日現在のものです。

避難場所

避難所

都内で生活されている方は、東京都のホームページから、「最寄りの避難場所・避難所」が確認できます。他府県の方も、お住まいの市区町村のホームページを確認してみてください。

POINT

避難場所・避難所のマークは全国で標準化がはかられています。

自宅から職場まで歩いてみよう

ツイート日：2017年11月15日

□(20　年　月　日)　□(20　年　月　日)　□(20　年　月　日)

災害時の交通機関のマヒを想定して、自宅から職場まで徒歩で通勤する訓練を実施しました。職場までの所要時間や災害時における危険箇所等の確認ができたほか、普段の通勤にはない風景を見ることもできて、すごく新鮮な気持ちになりました。皆さんは、災害時の通勤・帰宅ルートの選定はお済みですか？

災害対応型自動販売機を見つけておこう

ツイート日：2017年6月15日

□(20　年　月　日)　□(20　年　月　日)　□(20　年　月　日)

「災害対応型自動販売機（災対自販機)」って何か知っていますか？　これは災害時に無料で飲料が提供される自販機です。街中にある自販機が災対自販機に指定されているか、散歩の際にでも確認してみてはいかがですか？　多くは指定避難所や公共施設に設置されているそうです。

POINT

災害対応型自販機は自販機を設置しているメーカーによりいろいろなタイプがあります。自宅の近くにある災害対応型自販機は、どんなタイプか確認してみましょう。なお、緊急時の判断・操作はその自販機の管理者に委ねられていることが多いようです。

防災ヒント

089

災害時帰宅支援ステーションを探しておこう

ツイート日：2017年3月28日

□(20　年　月　日)　□(20　年　月　日)　□(20　年　月　日)

このマークをご存じですか？　これを貼ってあるコンビニ等を災害時帰宅支援ステーションと呼んでいます。このマークを貼っているコンビニ等では災害時、水道水の提供を受けたりトイレを借りることができ、また、災害情報の提供を受けることができます。勤務先や自宅の近くにあると思います。確認してください。

Photo：災害対策課 Twitter

POINT

災害時帰宅支援ステーションは、帰宅困難者をサポートするための施設です。事前に各自治体と協定を結んだ施設では水道水、トイレ、道路情報などが提供してもらえます。

防災ヒント

090

犬に靴をはかせてみよう

ツイート日：2018年7月24日

□(20　年　月　日)　□(20　年　月　日)　□(20　年　月　日)

災害時に備えて、飼い犬を連れた避難訓練をしてみました。経路にある塀や看板など、注意が必要な危険箇所を確認しながら、犬にケガ防止の靴をはかせて歩きました。犬は慣れない靴を嫌がり脱ごうとするなど、実際に訓練してみて初めて気づくことがありました。犬を飼っている方はぜひ試してみてください。

平時に近所の避難場所を確認しておき、犬の散歩時に靴をはかせて歩く練習をします。

これが靴です。

災対に聞いてみた！
「具体的には？」

実際にペットと避難訓練した課員によれば、道に沿ってブロック塀や大きな窓ガラスのある建物等、倒壊したときに障害になりそうな場所を確認し、比較的危険が少ないコースを考えたとのことです。

POINT

環境省が「災害時におけるペットの救護対策ガイドライン」を作成しています。「飼い主が備えておくべきこと」がまとめられているので参考にしてください。
https://www.env.go.jp/nature/dobutsu/aigo/2_data/pamph/h2506/ippan.pdf

Photo：
災害対策課 Twitter

防災ヒント

091

意外な道具で雑草の草取り

ツイート日:2019年6月3日

□(20　年　月　日)　□(20　年　月　日)　□(20　年　月　日)

先日、わが家では勝手口からの避難経路の整理と草取りをしました。草取りには、「ペンチ」が大いに活躍します。少ない力が効率よく先端に伝わるので、手強い相手「タンポポ」でも根元から簡単に抜くことができます。発想の転換で道具を有効に活用しましょう。

Photo：災害対策課 Twitter

1

いつの間にか、大きな「たんぽぽ」が。

2

葉を束ねて、根元にペンチを差し込みます。

3

両手を使って、根元から簡単に引き抜けます。

4

大物が抜けることも！

ドクダミやオオバコなど、根が強い植物にも有効ですので、試してはいかがでしょうか。

防災ヒント

092

消火器の使い方を覚えておこう

ツイート日:2018年4月16日

□(20　年　月　日)　□(20　年　月　日)　□(20　年　月　日)

職場や家庭にもある消火器。火災の初期消火にはもっとも有効ですが、しばらく使ったことのない人もいるのでは？　いま一度おさらいしましょう！　①頭の上の黄色いピンを引き抜く。②頭から出ている黒いホースの先端を取り外し、火元に向ける。③頭のレバーを握る。ピン→ホース→レバーと覚えましょう！

消火器の使い方

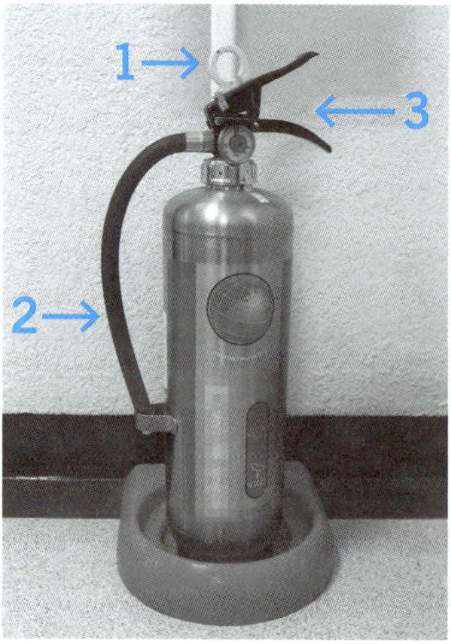

1 ピンを抜く

2 ホースを火元に向ける

3 レバーを握る

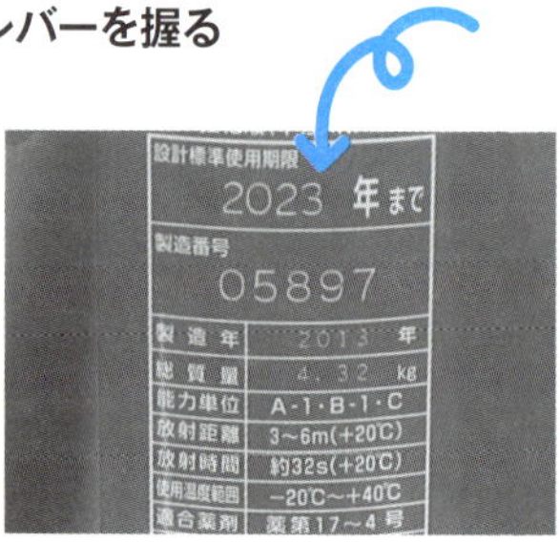

POINT

消火器には使用期限が定められています。確認してみてください。

防災ヒント

093

「消費しながら備蓄する」を実践しよう

ツイート日:2017年11月13日

□(20　年　月　日)　□(20　年　月　日)　□(20　年　月　日)

いつも使える食材を多めに購入し、食べた分だけ買い足す「ローリングストック法」が注目されています。最近は普段なじみのあるレトルト食品等を購入し賞味期限前に食べ、違う食品に買い換える人もいるようです。いざというときに賞味期限切れの心配もなく、好きな食材も選べて一石二鳥ですね。

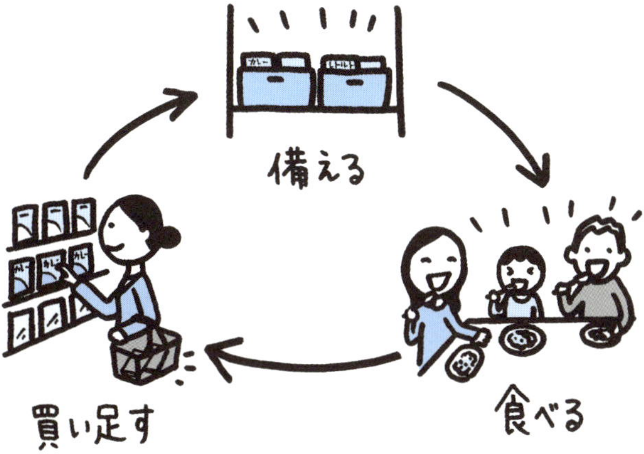

POINT

消費期限が近づいた備蓄品の活用術はコラムで紹介しています。

ツイート日：2017年5月9日

乾パン・クッキング⑤ひと口カツ

□(20　年　月　日)　□(20　年　月　日)　□(20　年　月　日)

消費期限が近くなった乾パンを利用した「乾パンひと口カツ」を作ってみました。細かく砕いた粉と粗めの粉を作って、２種類揚げました。味は、細かく砕いた粉はパン粉と大差なし。粗めの粉はゴマ風味がよく、食感も最高。わが家の中１と小３の子供から「また作ってー」と大好評！　お試しあれ！

1　2

Photo：災害対策課 Twitter

ツイート日：2017年11月8日

クラッカーで唐揚げ

□(20　年　月　日)　□(20　年　月　日)　□(20　年　月　日)

息子から「乾パンのひと口カツ食べたい！」（上段参照）と注文が出ましたが、今回は消費期限が迫ったクラッカーを使用！　水で溶いた小麦粉に鶏肉をくぐらし、粗めに砕いたクラッカーをまぶしたら油の中へ。「このクラッカー唐揚げサクサク感がイイね！　だけど味ないよ」。え？　ごめん、鶏肉に味つけ忘れてた（悲）。

1　2

Photo：災害対策課 Twitter

第5章

「非常用持ち出し袋」にひと工夫～便利グッズと活用術

被災時に避難したとき、
当面必要となる物を入れておくのが
「非常用持ち出し袋」です。
その中身は、自分や家族にとって
必要な品物を考えて準備します。
最低限、必要な物のほか、
ポリ袋や爪切り、風呂敷などの日用品も、
いざというときには便利なスグレものです。
以前使っていたメガネを入れておくと、
命を守る道具になるかもしれません。
何を入れておくべきか、家族で話し合ってみてください。

ポケット付きベスト

ツイート日：2018年10月31日

□(20　年　月　日)　□(20　年　月　日)　□(20　年　月　日)

乾電池や携帯充電器、予備バッテリー、常備薬などを収納でき、取り出すのにも便利です。

ホームセンターや作業着ショップなどで販売されています。

非常用持ち出し袋の中には、できるだけ多くの食料や水を入れたいという方は多いはず。そこで私は以前仕事で使用していたポケット付きのベストに、乾電池などのこまごました物や携帯電話の予備バッテリーなど、すぐに使用する物を入れ、非常用持ち出し袋と一緒に保管しています。災害グッズに取り入れてみませんか。

Photo：災害対策課 Twitter

ポリ袋

ツイート日：2018年11月26日

□(20　年　月　日)　□(20　年　月　日)　□(20　年　月　日)

防災グッズの一品にぜひ入れてほしいものがあります。それはポリ袋です。大小のレジ袋やゴミ袋など、種類の違う袋があると、用途に応じて使い分けができるので便利です。たとえば調理や雨具（防寒具）などに利用できるだけでなく、ケガをしたときの応急手当にも活用できますよ。

防災ヒント
095

炭酸水

ツイート日:2018年11月16日

□(20　年　月　日)　□(20　年　月　日)　□(20　年　月　日)

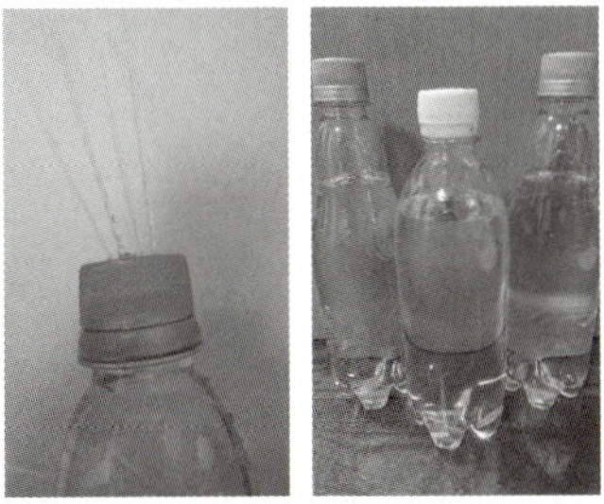

Photo：災害対策課 Twitter

先日、息子と大汗をかいて遊んだ際、私の頭に息子がイタズラで炭酸水（無糖）をかけてきました。驚いて飛び上がりましたが、思いのほか頭がシュワシュワして気持ちイイ。これは災害時に使えるかも！　洗髪ができない状況下、少しでもサッパリする方法として、早速、炭酸水（無糖）を備蓄品に加えました。

メガネやコンタクトレンズ

ツイート日:2018年3月9日

□(20　年　月　日)　□(20　年　月　日)　□(20　年　月　日)

皆さんは、非常用持ち出し袋に「メガネやコンタクトレンズ」を入れていますか？　阪神・淡路大震災や東日本大震災のときに、メガネがなく生活に支障をきたした方が多くいたという報道がありました。メガネは命を守る道具ですので、古いメガネ等があれば防災グッズに加えて、ぜひ「視力」の確保をお願いします。

爪切り

ツイート日:2018年11月8日

□(20　年　月　日)　□(20　年　月　日)　□(20　年　月　日)

非常用持ち出し袋の中に爪切りを入れておくのは、いかがですか？　爪は伸びると雑菌が繁殖しやすくなるようです。避難所では少しでも衛生的にしたいものです。また、爪切りはちょっとしたものを切りたいときにはハサミの代わりにもなりますし、小さくてかさばらないので１つ入れておくと便利です。

雨合羽

ツイート日:2018年2月7日

□(20　年　月　日)　□(20　年　月　日)　□(20　年　月　日)

寒さが厳しい季節に避難を伴う災害が発生したときに役立つのが「雨合羽」です。雨対策はもちろん寒い時期、避難所等に避難しているときにアウター（コートやジャンパーなど）の下に着ると防寒になると思います。雨や寒さから身体を守るためにも非常用持ち出し袋の中に準備してみては？

防災ヒント

097

風呂敷

ツイート日：2018年7月25日

□(20　年　月　日)　□(20　年　月　日)　□(20　年　月　日)

最近、1歳を過ぎて何でも自分でやりたがるわが子。荷物も自分で持ちたがります。そこで風呂敷で子供用のリュックを作ってみました。背負い心地もいいようでニッコリ。たためば小さくなり、荷物の持ち運びにも便利な風呂敷。災害時にもわが家のお助けグッズになると思い、非常用持ち出し袋に入れています。

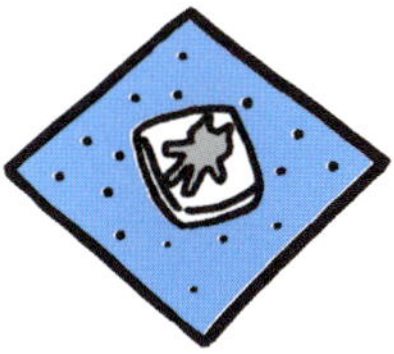

1 風呂敷を裏返しにして、包むものを中心に置きます。

2 風呂敷の上下の角を合わせます。

3 合わせた上の角を1回結びます。

4 結んで余った部分と左右の角を結びます。

5 完成。

6 子供に背負わせてみたところ。

災害対策課 Twitter をもとにイラスト化

防災ヒント

098

子供用リュック

ツイート日:2018年3月8日

□(20　年　月　日)　□(20　年　月　日)　□(20　年　月　日)

小学校に通う子供がまもなく最高学年の６年生になります。この機会に先日、わが家で非常用持ち出し袋の中身を確認しつつ、子供が１人で持ち出せるよう子供用リュックについても、体格に見合う重さで中身を調整してみました。いざというときのために皆さんもぜひ確認してみてください。

ラップ

ツイート日:2016年12月29日

□(20　年　月　日)　□(20　年　月　日)　□(20　年　月　日)

私のお気に入りの防災グッズ、それは「ラップ」です。音楽のラップも好きですが、食品を包むほうのラップです。水が使えないなどお皿が洗えないとき、皿全体をラップで包みます。使い終わったらラップを外せば、きれいなお皿のまま。しかもゴミもかさばらない！　皆さんもぜひお試しください。

Photo：災害対策課 Twitter

防災ヒント

099

軍手とゴム手袋

ツイート日:2018年3月30日

□(20　年　月　日)　□(20　年　月　日)　□(20　年　月　日)

私は、非常用持ち出し袋の中に軍手とゴム手袋を入れています。災害現場での作業の際、それぞれ単体として活用できるほか、軍手の上にゴム手袋を重ねることで、切り傷・擦り傷防止と同時に、薬液等から手全体を保護し、また滑り止め、防寒にもなります。普段、草むしりのときも使ってます(^^)。

1

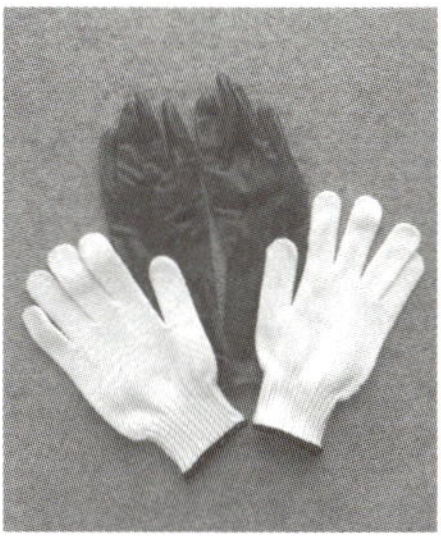

用途に応じて、それぞれ単体で活用。

2

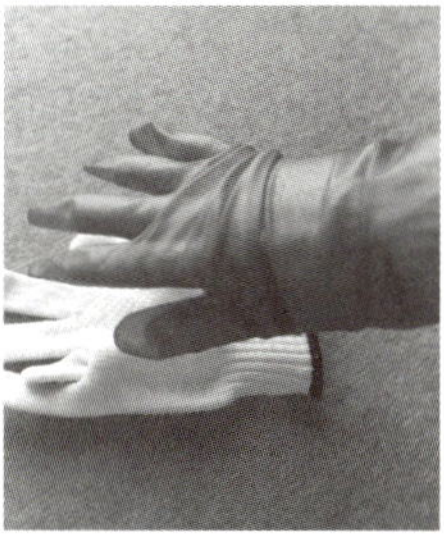

重ねて使用しても……。

3

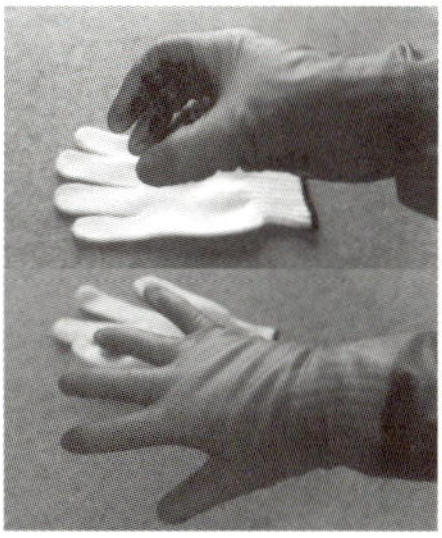

十分な可動域。

POINT

ゴム手袋の上に軍手を重ねてもいいでしょう。ただし、ゴム手袋を中にすると手に汗をかきやすくなります。

防災ヒント

100

穴を開けたペットボトルのふた

ツイート日:2019年6月4日

□(20　年　月　日)　□(20　年　月　日)　□(20　年　月　日)

私は、細かい穴を開けたペットボトルのふたを備えています。避難時にペットボトルを使って手を洗ったりするとき、この穴を開けたふたを使えば水の減りが少なくなり節約にもつながります。ペットボトルのふたのサイズはほぼ同じようですので、ふたのみの保管で対応できます。有事に備え準備してはいかがですか。

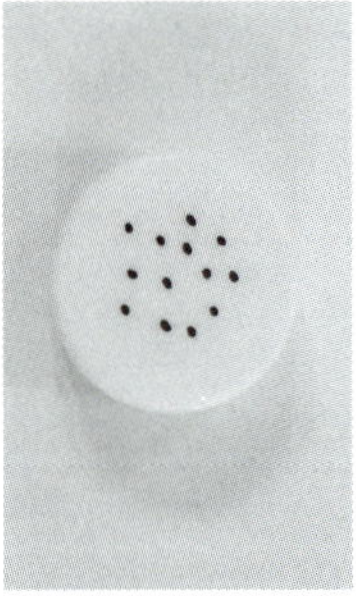

1

穴を開ける位置に油性ペンで印をつけるとわかりやすいと思います。

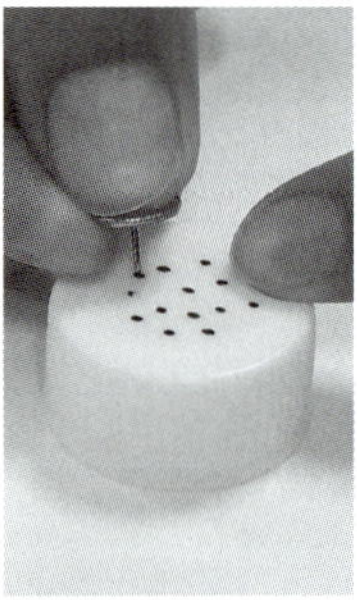

2

画びょうで開けてみました。ふたによっては開けにくい物もあるので、開けやすい物を探してみてください。ケガをしないよう気をつけてくださいね。

3

シャワーの肌ざわりは思っていた以上に柔らかでした。

4

チャック付きの袋に入れておくと安心ですね。

Photo：災害対策課 Twitter

防災ヒント

101

電池の種類が異なるライト

ツイート日:2018年4月18日

□(20　年　月　日)　□(20　年　月　日)　□(20　年　月　日)

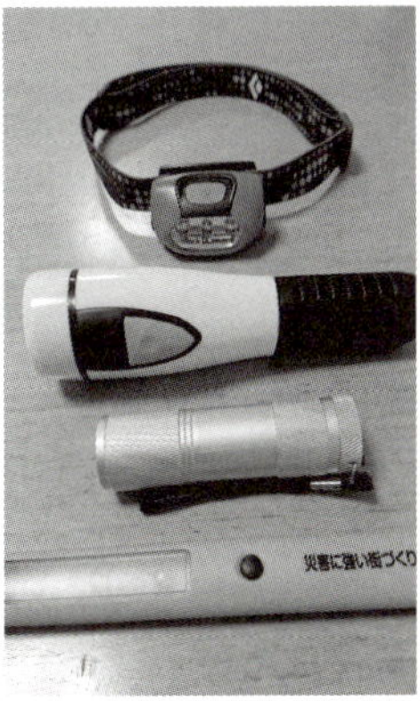

Photo：災害対策課 Twitter

わが家では災害発生時の備えとして、電池の種類が異なるライトを複数個準備しています。避難所での避難期間が長くなると、支給される電池に頼らなくてはいけない場面も出てくるはずです。その際、準備したライトに合う電池が支給されるかどうかも不明です。いろいろな場面を想定した備えをお願いします！

POINT

乾電池には単一～単四のほかにコイン型など、いろいろな種類があります。避難所では限られた種類しか支給されないかもしれません。

熱中症対策グッズ

ツイート日:2018年6月6日

□(20　年　月　日)　□(20　年　月　日)　□(20　年　月　日)

蒸し暑くなる季節は熱中症が心配されます。いまは塩飴や経口補水液、冷却シートなどのさまざまな熱中症対策グッズが販売されており、災害用の備蓄としてこれらを準備してはいかがでしょうか。また、飲料用としての水も多めに用意しておくと安心です。

防臭袋

ツイート日:2018年1月11日

□(20　年　月　日)　□(20　年　月　日)　□(20　年　月　日)

使用済みのオムツやペットの排泄物など臭いの強いものを処理するための「防臭袋」をご存じですか？　この袋に入れて密閉すると、しばらくは臭いません。避難先での環境向上にもひと役買います。ドラッグストア等で購入できますので、防災グッズの1つとして加えてみてはいかがでしょうか。

手回し充電式ラジオ

ツイート日:2017年11月21日

□(20　年　月　日)　□(20　年　月　日)　□(20　年　月　日)

非常時に活躍するラジオ。わが家では、乾電池がないときでも使える手回し充電式のラジオを常備しています。しかし蓄電池が劣化してしまい、悲しいことに約1000回の手回しでラジオを2分しか聴くことができなくなっていました。最新のものは、きっと機能が大幅にアップしているはず。買い換えます。

災対に聞いてみた！　「その後は？」

その後、手回し充電に加え、ソーラー充電や乾電池で動くタイプを購入しました。
充電忘れにより内蔵の電池が「カラ」になっていたとしても、その場で手回しすれば、ただちにラジオを聴けたり、点灯できることが最大の魅力です。スマートフォンへの充電も可能で、充実した機能に驚いています。

防災ヒント

103

カラビナ

ツイート日:2017年12月11日

□(20　年　月　日)　□(20　年　月　日)　□(20　年　月　日)

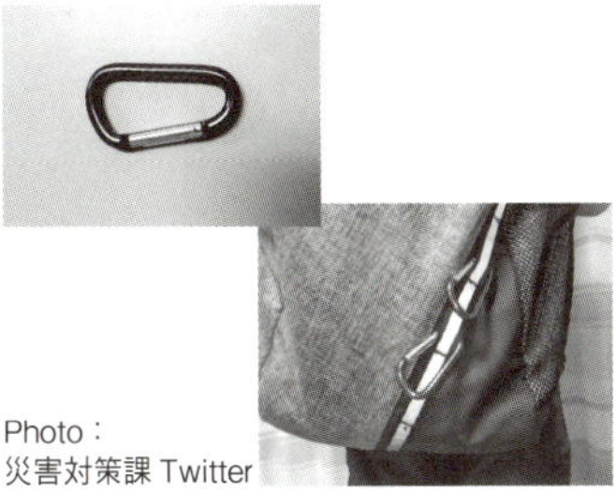

Photo：
災害対策課 Twitter

主に登山道具として使われるカラビナ。百円均一ショップで見てみると、キーホルダー用としてさまざまな形状のものがそろっています。散逸防止に小物を束ねたり、両手を空けたいときにとても便利です。非常用持ち出し袋や通勤鞄、ズボンのベルト通しにいくつか吊るしておくと、いざというときに活用できそうです。

紙石けん

ツイート日:2017年12月8日

□(20　年　月　日)　□(20　年　月　日)　□(20　年　月　日)

友人から旅行のお土産に紙石けんをもらいました。紙石けんは薄くてコンパクトで持ち運びにとても便利です。水さえあれば、いつでもどこでも手を洗うことができ、清潔に保つことができます。災害時には衛生管理も大切です。非常用持ち出し袋に入れておけば、役に立つかもしれません。

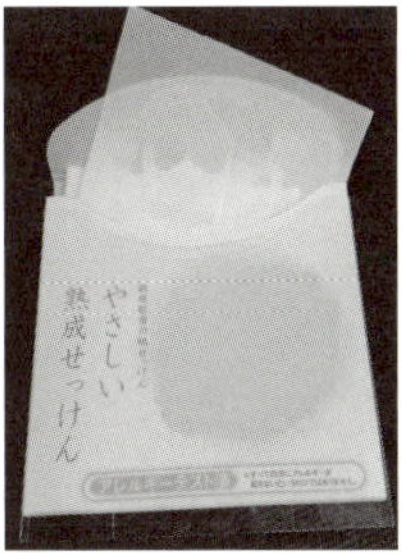

Photo：災害対策課 Twitter

防災ヒント

104

安全中敷き

ツイート日:2017年8月24日

□(20　年　月　日)　□(20　年　月　日)　□(20　年　月　日)

発災時、道路上には釘やガラスなど鋭利で危険な物も散乱しています。気づかずに踏みつけると思わぬケガをしてしまいます。そこで、ステンレスなど強固な板が入っている「安全中敷き」を避難用の靴に入れておけば、踏み抜き防止に効果的です。ホームセンター等で1000円前後で購入できます。

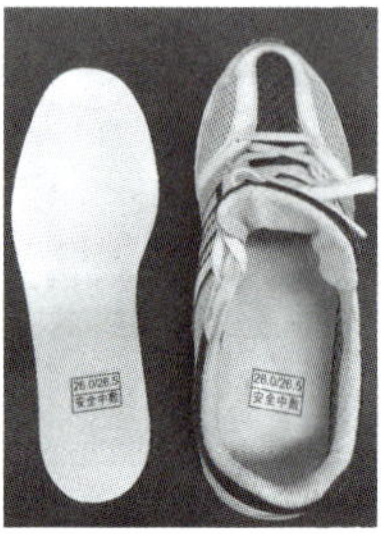

Photo：災害対策課 Twitter

トランプ

ツイート日:2018年3月29日

□(20　年　月　日)　□(20　年　月　日)　□(20　年　月　日)

皆さんも一度は遊んだことがあるトランプ、実は避難所生活で意外と役立ったものの1つにあげられています。トランプは老若男女を問わず遊ぶことができ、気分転換にもなったそうです。他にもカルタや携帯型オセロなど手軽な娯楽グッズもあるので、非常用持ち出し袋の中身に加えてみてはいかがですか？

防災ヒント

105

魚肉ソーセージ

ツイート日:2018年9月18日

□(20　年　月　日)　□(20　年　月　日)　□(20　年　月　日)

備蓄食品のアイテムとして、魚肉ソーセージを追加してみてはいかがでしょうか！　いざというときには直接触れることなく食べられて衛生的です。また、カルシウムも手軽に補うことができると思います。賞味期限が比較的長く、常温保存も可能です。賞味期限が近づいたら、おやつやおかずの一品として。

蜂蜜《はちみつ》

ツイート日:2019年4月10日

□(20　年　月　日)　□(20　年　月　日)　□(20　年　月　日)

災害時の備蓄品として蜂蜜はいかがですか？　常温で保存ができるうえ、栄養価も高いのが特徴です。なにより甘いので、乾パンなど味気ない食べ物にも合いそうです。避難所等での生活が長期に及ぶと心身ともに疲れるときもありますので、蜂蜜で気分転換できたらと思います。

1 蜂蜜は常温で保存でき、疲労回復にも効果があるといわれています。ただし、乳児（1歳未満）には食べさせないでください。

2 乾パン等いろいろな食べ物にかけて楽しめます。

Photo：災害対策課 Twitter

防災ヒント

106

チョコレートペン

ツイート日:2018年8月8日

□(20　年　月　日)　□(20　年　月　日)　□(20　年　月　日)

チョコレートを非常食として準備している方もいると思いますが、夏の時期はどうしても溶けてしまいます。でも、チョコレートペンなら大丈夫！そのままでも食べられるし、乾パン等にデコレーションすれば、ちょっとしたスイーツに。小さくて収納に便利なので、非常食のアイテムに加えてはどうですか。

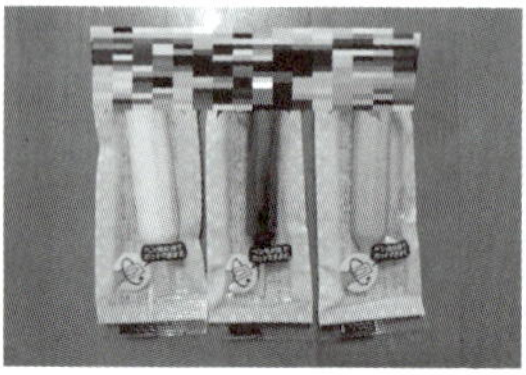

味の種類もいくつかあります。
Photo：災害対策課 Twitter

POINT
チョコレートペンはスーパーの製菓コーナーや百円均一ショップなどで手に入ります。

羊羹《ようかん》

ツイート日:2019年5月29日

□(20　年　月　日)　□(20　年　月　日)　□(20　年　月　日)

災害時に手軽にとれる携行食として羊羹はいかがですか。羊羹は賞味期限が約１年と比較的長く、常温保存ができます。栄養面でもカロリーが高く、スポーツや登山時の携行食としても利用されており、災害用に５年保存できる羊羹があるほどです。災害時に貴重な甘い食べ物として備蓄はいかがでしょうか。※賞味期限はメーカーや商品によって異なりますので、ご確認をお願いします。

防災ヒント

107

野菜スープやドライフルーツ

ツイート日:2018年10月12日

□(20　年　月　日)　□(20　年　月　日)　□(20　年　月　日)

避難生活では野菜が手に入りにくく、ビタミンやミネラル、食物繊維が不足しがちです。非常食として野菜ジュースやレトルトの野菜スープ、フルーツの缶詰、ドライフルーツなどを準備しておけば、もしものときも栄養のバランスを取るのに役立ちます。ぜひ準備してはいかがでしょうか。

即席味噌汁

ツイート日:2018年10月10日

□(20　年　月　日)　□(20　年　月　日)　□(20　年　月　日)

非常用持ち出し袋に即席味噌汁を足してみてはいかがですか。賞味期限は種類によって違いますので定期的な交換が必要ですが、水でもおいしくいただけます。今回、白米のアルファ化米に即席味噌汁を混ぜて味噌ご飯を作ってみました。味噌おにぎりみたいでおいしくできました。ぜひ一度試してみてください。

水で作ったアルファ化米の中に即席味噌汁を入れます。アルファ化米を作る段階で水と一緒に味噌汁を入れると、味が薄くなり、おいしくありませんでした(味噌の量はお好みで調整してください)。

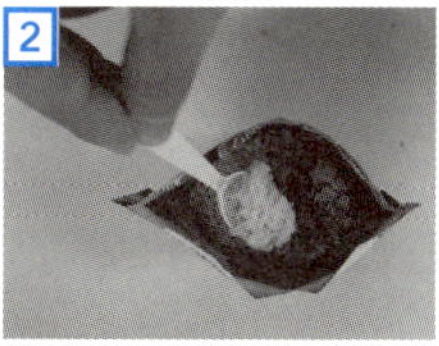

しっかりかき混ぜて完成。

Photo:災害対策課 Twitter

ペット用の避難グッズ

ツイート日:2017年2月2日

□(20　年　月　日)　□(20　年　月　日)　□(20　年　月　日)

多くの人が家族の一員としてペットを飼われていると思います。わが家ではハリネズミが家族の一員です。災害発生時に備え、自分たちの備蓄品は用意していても、彼らの分の用意はありますか？　水に食料、その他避難に備えたケージなど、必要なものはいろいろあります。大切な家族のためにいま一度の確認を。

Photo：災害対策課 Twitter

犬用の乾パン

ツイート日:2016年11月7日

□(20　年　月　日)　□(20　年　月　日)　□(20　年　月　日)

「犬用の乾パン」があるのをご存じですか？　先日、防災訓練会場の展示ブースで、犬用保存食を見つけました。人間も食べられるそうで、試食してみると普通においしかったです。この乾パンは動物病院などで買うことができるそうです。愛犬のための備えも大切ですね。

防災ヒント

109

常備薬をかさばらずに入れる方法

ツイート日：2018年5月24日

□(20　年　月　日)　□(20　年　月　日)　□(20　年　月　日)

非常用持ち出し袋に常備薬を入れている方もいると思いますが、数種類の薬を箱のまま保管すると意外とかさばってしまいます。そこで百円均一ショップなどで売っているチャック付き袋に品名、使用期限を記載し保管してはいかがですか。なお、使用上の注意書きも忘れずに保管し、正しく服用してください。

Photo：
災害対策課 Twitter

薬の種類によって保管方法が異なりますので、使用上の注意書きをよく確認してください。

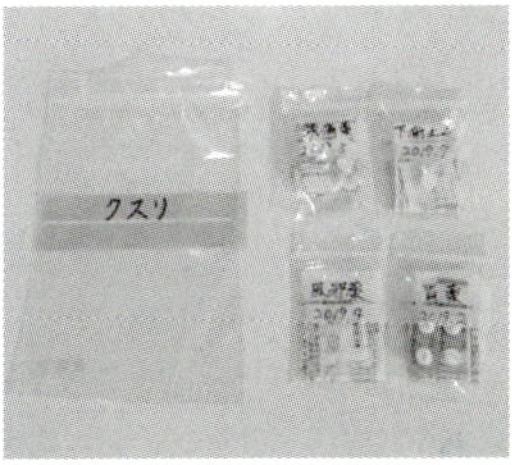

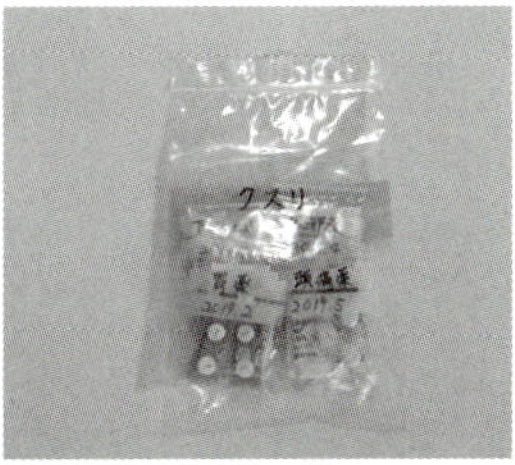

かさばる衣類は圧縮袋に

ツイート日：2017年9月13日

□(20　年　月　日)　□(20　年　月　日)　□(20　年　月　日)

アウトドア用の防水・保湿性能に優れたウェアや最低限の下着、タオルなどをリュックなどに準備しておくと災害時に非常に役立ちます。たたみ方をひと工夫したり、旅行時にも重宝する衣類用圧縮袋を活用すれば、何かとかさばる衣類なども、よりコンパクトに収納できます。大地震に備えて万全の準備を!!

災害時はズボンよりスカート

ツイート日:2018年5月22日

□(20　年　月　日)　□(20　年　月　日)　□(20　年　月　日)

母親が「非常用持ち出し袋の中に長めのスカートを入れているの」と妻に話していたので、私が「ズボンのほうが動きやすくない？」と言うと、母親が「スカートははくだけではなく、避難所で頭からかぶって使うと衣服を着替えることもできるの」と答えました。女性ならではの視点に「なるほどな」と感心しました。

赤ちゃん用お尻ふき

ツイート日:2017年10月26日

□(20　年　月　日)　□(20　年　月　日)　□(20　年　月　日)

赤ちゃんがいる家庭に必ずある赤ちゃん用のお尻ふきシート。赤ちゃん用に作られているため、肌に優しくシートは厚手でたくさん入っています。お風呂になかなか入れず、温水洗浄便座も使用できない避難所等でとても役に立つと思います。災害備蓄用品として加えてみてはいかがでしょうか。

ツイート日：2018年11月30日

チャイルドビジョン

□(20　年　月　日)　□(20　年　月　日)　□(20　年　月　日)

先日、チャイルドビジョン（幼児視界体験メガネ）で幼児の視界を体験してみました。考えていたより狭い範囲しか見えずビックリ。わが子がよく転ぶ理由がわかりました。災害時、子供のまわりに釘やガラス片等の危険なものがあるかもしれません。子供の視点に立って守っていきたい、そんな気持ちを強めた体験でした。

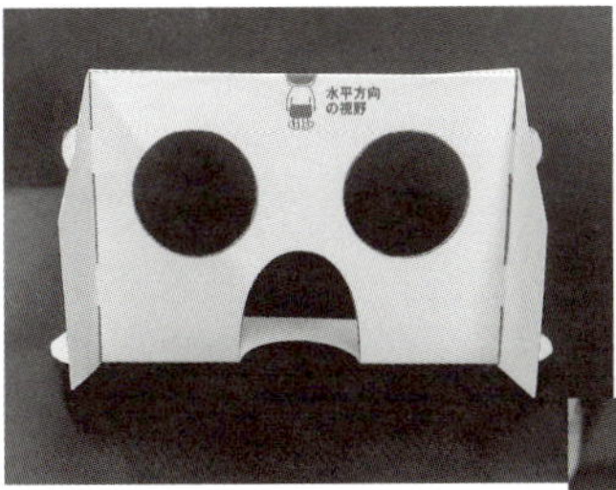

こちら側からのぞきます。

反対側です。

POINT

「チャイルドビジョン」はそもそもは運転者のための交通安全啓発グッズとして、テラダクラフトスタジオの寺田松雄さんにより開発・命名されたものです。子供の視点の高さまでかがんで体験してみましょう。

ツイート日：2018年3月13日

地面でオセロゲーム

□（20　年　月　日）　□（20　年　月　日）　□（20　年　月　日）

子供たちとキャンプに行ったときに、外でオセロゲームをしました。地面に「縦8マス×横8マスの合計64マス」を描き、小石の片面にテープを貼ることで即席オセロゲームの完成です。子供でも作れて手軽に楽しめ、避難所生活の際に子供たちの気分転換の遊びにもなると思います。試してみてください。

ツイート日：2018年3月16日

背中の文字当て

□（20　年　月　日）　□（20　年　月　日）　□（20　年　月　日）

東日本大震災の発生当時、子供が避難所でできる簡単な遊びを提案し合うサイトが賑わっていました。遊びの1つが「背中の文字当て」です。相手の背中に指で文字を書き、それが何かを当てる。皆さんも一度はしたことがあるのではないでしょうか。このような遊びを今後もご紹介できればいいなと思います。

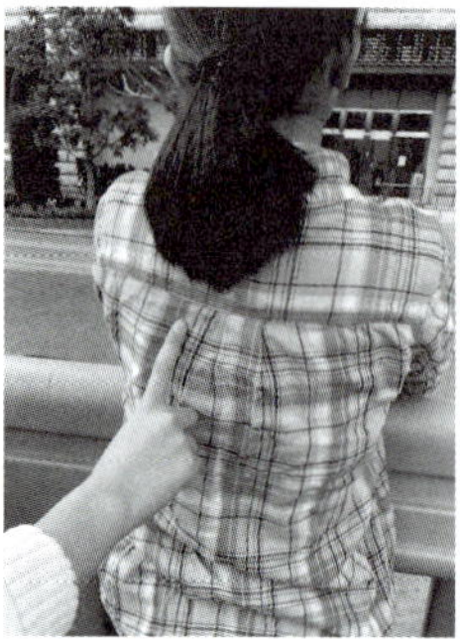

Photo：災害対策課 Twitter

ツイート日：2018年3月19日

いっせーのせ

□（20　年　月　日）　□（20　年　月　日）　□（20　年　月　日）

避難所等でも簡単にできる遊びの紹介、第３弾です。両手の親指を立て、その数を当てるゲーム「いっせーのせ」です。地域によって呼び方の違いはあるようですが、相手が指を上げる、上げないを読み合う心理戦は、道具がなくても十分に楽しむことができます。ただし、人数が多すぎると終わらない!?

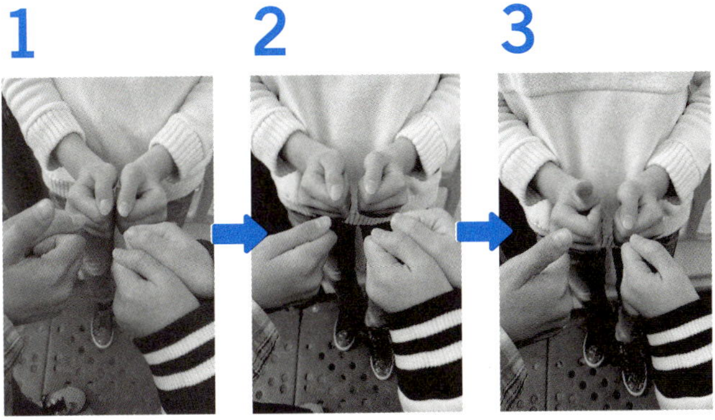

地域によってルール差がありそうですね。

Photo：災害対策課 Twitter

警視庁災害対策課インタビュー　後編

警視庁警備部災害対策課災害警備係　**村田尚徳《たかのり》**警部

災害対策のプロフェッショナル集団・警視庁警備部災害対策課。前編に続き「災害対策課ツイッター」チームを代表して村田尚徳警部にツイッター発信の裏話、メッセージなどをうかがいます。

――ツイートは何人くらいで書いているのですか？　内容に応じて担当はありますか？

村田警部　課員のうち、30〜40名程度が交代でツイートしています。内容によって担当を決めるのではなく、輪番制で順番をまわしています。

警視庁
フォロー中
警視庁警備部災害対策課
@MPD_bousai
警視庁警備部災害対策課の公式アカウントです。当アカウントでは通報及び相談等の受付は行っておりません。緊急時は１１０番を、それ以外の相談等は#９１１０をご利用ください。
東京都千代田区霞が関二丁目１番１号
keishicho.metro.tokyo.jp
2012年12月からTwitterを利用しています
16 フォロー中　810,576 フォロワー

警視庁警備部災害対策課
@MPD_bousai

――どんな内容を発信するのか決まりは？

村田警部　内容については、「災害や防災に関連する」ということだけは決めていますが、それ以外は自由です。それぞれ個性のある課員みんなが、自分の得意分野にちなんだツイートをしています。

――ツイートの発信を始めて、課員の方の意識は変わりましたか？

村田警部　1～2カ月に1回程度、順番がまわってきますので、ツイートの内容について苦心している課員が多いのも事実です（笑）。

――ツイートを書く際にはどんな苦労がありますか？

村田警部　よりよいツイッター発信のため、執務時間以外でも、何かツイッターで紹介できるようなものはないかと、新聞やテレビ、インターネット、災害に関するさまざまなメディア、資料等へのアンテナを高くし、いわゆる「ネタ探し」をしています。そうした意味では、課員の防災意識の向上にもツイートの発信がひと役買っています（笑）。

また、多くの「いいね」や「リツイート」「コメント」などをいただくことで、作成のための苦労や悩みも解消されているようです。

――ツイートにつける写真の撮影は、どのように行っていますか？　撮影が大変だった写真、また楽しかった写真は？

村田警部　写真はそのツイートを担当する課員が、職場や自宅、外出先などで撮影をしています。「大変だった」とまではいえないかもしれませんが、土のうの作り方や積み方などを紹介したツイート（本書「防災ヒント048、049」）では、少なからずの時間と人員をかけ、実際に水を流して、その効果が確認できるような写真を撮るなどしています。

「楽しかった写真」は、とても多いと思います。

警視庁警備部災害対策課災害警備係　村田尚徳警部
「最近では動画も使ってよりわかりやすい発信を心がけています」

家族で一緒に試したツイートの写真や家族が少しだけ写っているもの、課員同士が盛りあがって撮影したものなど、写真を見ていただければ、その雰囲気や楽しんでいるような様子がおわかりいただけるかと思います。

——最後に、メッセージをお願いします。

村田警部　現在、80万人を超える方々からフォローをしていただいています。この数やメディアでの反響等からも、ご好評をいただいているものと思っています。

皆さんからのご支持、ご声援を大変ありがたく感じるとともに、身の引き締まる思いでもあります。というのも、フォロワーの方々は災害対策課になにかしらの期待、つまり、ご自身やご家族等を突然の災害による被害から少しでも守ってほしいという期待をされ、フォローしてくださっていると思います。

そもそもツイッターを始めたきっかけは、大規模な災害が発生した際に、都民（国民）の方々が真に必要としている情報を発信すると同時に、不安をあおるような情報を打ち消すということでした。

災害による混乱が予想される中、必要な情報をタイムリーに発信すること、そして、私

災害対策課の皆さん

たちの情報発信を待っている方がいるということを考えると、その期待に必ず応えなければならないという使命感を感じています。

引き続き災害に関する身近な情報を発信し、より多くの方々に災害への関心を持っていただけるようなツイートをしていきたいと思います。今後ともどうぞよろしくお願いします。

災害対策課の皆さん

特殊救助隊の皆さん

わたしのもしもノート

名前《フリガナ》：

住所：

電話：　携帯電話：　メールアドレス：

生年月日：　年　月　日　性別：男・女　血液型：　型

勤務先・学校名／電話：

健康保険証番号：　運転免許証番号：

緊急避難場所：　かかりつけ病院：

警察：　消防：　行政機関：

電気：　ガス：　水道：　その他：

緊急連絡先（実家など）

名前《フリガナ》（続柄）：　（　）

住所：

電話：　携帯電話：　メールアドレス：

家族の連絡先：

名前（続柄）：　（　）

電話／避難場所：

名前（続柄）：　（　）

電話／避難場所：

名前（続柄）：　（　）

電話／避難場所：

編者作図

※個人情報の管理にはくれぐれもご注意ください。

本書は警視庁警備部災害対策課のツイッター（@MPD_bousai）をもとに、独自に編集したものです。書籍化にあたっては、災害対策意識を高める目的で、ツイートの選定・掲載、追加取材、インタビュー対応など警視庁にすべて無償でご協力いただきました。

装幀／本文設計・DTP：ホリウチミホ（nixinc）
イラスト：坂木浩子（株式会社ぽるか）
撮影（災害対策課　村田尚徳警部インタビュー／カバー）：米山三郎
撮影（災害対策課　集合写真）：近藤豊
校正：内田翔
編集協力：稲垣豊

警視庁災害対策課ツイッター　防災ヒント110

2019年8月7日　1版　1刷

編　者 ――― 日本経済新聞出版社

取材協力 ―― 警視庁

発行者 ――― 金子 豊

発行所 ――― 日本経済新聞出版社
https://www.nikkeibook.com/
〒100-8066　東京都千代田区大手町1－3－7
電話(03)3270-0251(代)

印刷・製本 ―― 三松堂

ISBN978-4-532-17672-3
Printed in Japan